밥 먹으러 일본 여행

오니기리에서 에키벤까지,
소소하지만 특별해!

일러두기

- 본문의 일본어 표기는 국립국어원의 외래어표기법에 따랐으나 단어의 직관적인 이해 및 구분을 위해 관행적인 표기를 따른 것도 있다.
- 소개한 음식의 가격은 저자의 방문 시기가 아닌 2024년 1월 기준으로 제시했으나, 미처 2024년이 되어 오른 가격을 확인하지 못한 음식이 있을 수 있는 데 대해 너그러운 양해를 바란다.

밥 먹으러 일본 여행

오니기리에서 에키벤까지,
소소하지만 특별해!

이기중 지음

2년 전 한 해가 끝날 무렵, 돌연 일본에 밥을 먹으러 가고 싶어졌다. 애초에는 며칠간 일본의 한적한 마을에 머물면서 삼시세끼를 밥으로 해결하며 푹 쉬려는 계획을 세웠는데, 여행자의 기질이 동했다. '그럴 거면 일본 일주를 하면서 밥을 먹어보는 게 좋겠네.'로 생각이 바뀐 것이다. 그래서 2023년 1월과 2월, 두 달에 걸쳐 '일본 밥 여행'을 다녀왔다.

일본의 밥과 만난 것은 꽤 오래전의 일이다. 대학원 시절, 생애 두 번째 여행지가 된 일본을 여행하면서 일본의 밥을 처음 접했으니 말이다. 그리고 그 후 오랜 세월 동안 일본을 오가며 일본 문화를 연구하고 일본 음식을 즐기면서 자연스럽게 일본 밥과 가까워졌고, 어느새 일본 음식 애호가가 되었다.

하지만 오로지 '밥'을 먹기 위해 여행을 떠난 것은 이번이 처음이다. 그러니 어찌 보면 이 책은 두 달간의 '일본에서 삼시세끼 밥 먹기'의 경험과 필자의 오랜 일본 미식美食 이력이 버무려져 만들어낸 결과라고 볼 수 있다.

주지하다시피 일본의 일상식은 밥과 국수다. 이는 한국과 중국을 비롯한 동아시아, 그리고 동남아시아의 경우도 마찬가지다. 하지만 일본인에게 '밥'은 특별한 의미가 있으며, 다른 무엇보다 쌀과 밥은 일본인의 문화적 정체성과 직결되어 있다. 일본인 문화인류학자 오누키 에미코大貫恵美子는 《쌀의 인류학コメの人類学》에 "일본인에게 논은 일본의 국토이자 역사"이며, "쌀은 혼이고 신이며, 궁극적으로 자기 자체"라고 썼는데, 일본인의 삶과 역사에서 쌀과 밥이 그만큼 중요하다는 뜻이다.

이 책에서는 일본의 밥 문화를 와쇼쿠和食, 요쇼쿠洋食, 에키벤駅弁으로 나누어 다루었다. 먼저 '일본의 전통 음식'을 가리키는 와쇼쿠 편에서는 오니기리, 다마고 가케 고항, 오차즈케, 데이쇼쿠, 벤토, 돈부리, 스시 등의 음식을 소개했다. 일본의 다양한 일품요리와 데이쇼쿠(정식) 등 일본만의 특징이 잘 드러나는 음식 문화를 확인할 수 있을 것이다. 두 번째로는 '서양과 일본의 만남이 만들어낸 음식'인 요쇼쿠를 소개한다. 돈가스, 카레라이스, 오므라이스, 하야시라이스 등 뿌리는 일본 밖에 두고 있으나 역시 일본만의 음식 문화로 소화한 '밥'을 먹어볼 것이다. 마지막으로 '기차역에서 파는 도시락'이라는 뜻의 에키벤을 따로 다루었다. 그 이유는 에키벤이야말로 일본의 음식 문화, 여행 문화, 철도 문화, 그리고 일본 특유의 포장 문화가 버무려진 매우 일본적인 음식이기 때문이다. 게다가 필자처럼 음식과 여행을 좋아하는 사람이라면 누구나 한 번쯤 꿈꾸는 게 '일본 에키벤 여행'인데, 이번 밥 여행을 통해 일본 전역을 다니며 다채로운 에키벤을 먹어보고 그 경험을 책으로 담을 수 있었다.

한마디로 말해 이 책은 일본 밥 문화 탐구이자 일본 음식을 즐기려는 사람들을 위한 안내서다. 그래서 이 책에는 일본 음식의 역사와 문화, 음식 용어 등에 관한 상세한 설명은 물론, 일본 각 지역의 밥 문화와 그 음식을 처음 만들어 팔기 시작한 음식점의 이야기가 듬뿍 담겨 있다. 또한 일본으로 밥 여행을 떠나는 사람들을 위해 각 지역의 음식점과 음식에 대한 필자 나름의 평가(음식점 주소 위의 별점)와 함께 이 책에 실린 모든 음식점의 정보도 충실하게 담았다.

이 책은 필자의 '일본 음식 여행' 제2탄인 셈이다. 그 첫 번째는 소멘, 우동, 소바, 라멘 등 일본을 대표하는 면 요리와 국수 문화를 다룬 《일본, 국수에 탐닉하다》였다. 아무쪼록

‘일본 국수 여행’에 이은 ‘일본 밥 여행’을 통해 보다 많은 분들이 일본 음식 문화의 진면목을 발견하고, 일본 음식을 통한 일본 문화 읽기에 재미를 느껴보시기를 바란다.

끝으로, 이 책의 출판을 선뜻 결정해준 도서출판 따비 박성경 대표와 꼼꼼한 손길로 책을 만들어준 편집자들에게 감사의 말을 전한다.

2024년 3월

푸드헌터 이기중

차례

요쇼쿠
洋食

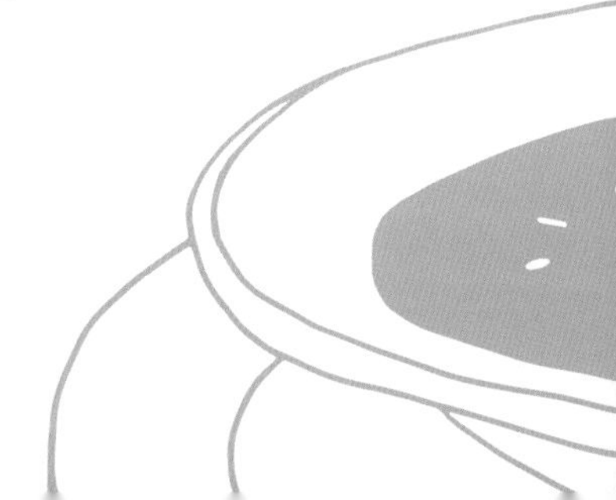

에키벤
駅弁

和
食

와쇼쿠,
전통의 한 끼

일본에서는 일본 전통 음식을 '와쇼쿠和食'라고 부른다. 일본에서 한자 '和'는 '조화'라는 의미와 함께 '일본'이라는 뜻으로 사용되는데, 이는 우리나라에서 '韓'이 '한국'을 의미하는 말로 사용되는 것과 같은 이치다. 즉, 우리나라의 음식, 옷, 종이, 소를 각각 한식韓食, 한복韓服, 한지韓紙, 한우韓牛라고 부르듯이, 일본에서는 일본의 음식, 옷, 종이, 소를 와쇼쿠和食, 와후쿠和服, 와시和紙, 와규和牛라고 부른다.

하지만 오랜 일본 음식의 역사에 견주어볼 때 '와쇼쿠'라는 용어가 사용된 것은 그리 오래되지 않았다. 와쇼쿠라는 말은 일본이 봉건 시대에서 근대로 넘어온 메이지 시대明治時代(1868~1912)에 만들어졌다. 그 계기는 외국인, 그리고 외국 문화와의 만남이었다. 일본은 메이지 시대에 들어오면서 쇄국에서 개국으로 정책을 전환하고 서양 여러 나라의 문물을 받아들이면서 잇달아 근대화 계획을 세웠다. 또한 이때 서양의 이국적인 음식이 일본에 들어오면서 일본 음식과 서양 음식을 구별하기 위해 서양의 영향을 받은 음식을 '요쇼쿠洋食'라고 부르고, 자신들의 전통적인 음식을 '와쇼쿠'라고 일컫게 되었다.

오늘날까지 전해오는 대표적인 와쇼쿠로는 미소(된장), 쇼유(간장), 두부 같은 기본 식재료부터 쓰케모노(채소 절임), 낫토, 가마보코(어묵) 같은 간단한 조리 음식까지, 그리고 덴푸라(튀김), 오니기리(주먹밥), 돈부리(덮밥), 스시(초밥), 소바, 우동 같은 일품요리에서 쇼진료리精進料理(사찰음식), 가이세키료리懐石料理(전통적인 코스 요리)에 이르기까지 매우 폭이 넓다.

한편, 와쇼쿠는 오랜 역사와 식재료, 조리법에서 일본만의 고유성을 가진 식문화로 인정받아 2013년 유네스코 무형문화유산에 등재되었으며, 이를 계기로 '와쇼쿠'라는 이름이 전 세계적으로 알려지게 되었다.

일본인의 컴포트 푸드, 오니기리

일본 음식 중 쌀[i] 본연의 맛을 즐기기 가장 좋은 것을 꼽으라면 두말할 것 없이 일본식 주먹밥인 '오니기리おにぎり'(お握り 또는 御握り로 표기)다. 오니기리는 '밥을 삼각형이나 둥근 모양으로 뭉쳐 그 안에 각종 재료를 넣고 김으로 감싼 음식'이다. 때로 니기리메시握り飯('주먹으로 쥐어 만든 밥'이라는 뜻), 또는 오무스비お結び(무스비結び는 '묶기'라는 뜻)라고 부르기도 한다.

오니기리의 역사는 2,000여 년 전 야요이 시대弥生時代(기원전 350~서기 250)까지 거슬러 올라간다. 이시카와현石

i 일본어로 쌀은 고메こめ(米), 밥은 고항ごはん(御飯) 또는 메시めし(飯)라고 부른다.

川県의 한 고고학 유적지에서 발견된 '일본에서 가장 오래된 오니기리'가 그 증거다. 하지만 당시 사람들이 먹었던 오니기리는 쌀을 대나무 잎으로 감싸 찌거나 삶은 음식이었으며, 오늘날과 유사한 오니기리의 모습은 헤이안 시대平安時代(794~1185)의 '돈지키屯食'라는 음식에서 그 모습을 찾아볼 수 있다. 돈지키는 '직사각형 모양의 접시'를 이르는 말로, 사람들은 주먹밥을 만들어 돈지키 접시에 올려 먹었다. 나들이 음식으로 많이 먹었으며, 왕실이나 귀족 가문들의 잔치가 있을 때 신하들이나 하인들에게 나누어주는 선물의 역할도 했다.

초기 형태의 오니기리는 속을 채우지 않고 밥에 살짝 소금을 뿌려 맛을 낸 것이었다. 이후 오니기리의 속 재료로 처음 사용된 것은 매실 절임인 우메보시梅干し였으며, 우메보시가 들어간 오니기리는 가마쿠라 시대鎌倉時代(1192~1333)에 군용 식량으로 쓰이기도 했다.

센고쿠 시대戦国時代(1467~1573)에도 오니기리를 도시락으로 즐겨 먹었으며, 에도 시대江戸時代(1603~1867)에는 네모난 형태의 판형 김이 등장해 오니기리를 김으로 싸서 먹기 시작했다. 그리고 에도 시대 중기(17세기 말~18세기 초)에 들어 오니기리는 불꽃놀이나 벚꽃놀이 같은 야외 행사에 빠지지 않고 등장하는 서민들의 음식으로 자리 잡았다.

한편 메이지 시대(1867~1912)에는 처음으로 학교 급식이

도입되었는데, 이때 급식 메뉴 가운데 하나가 오니기리였으며, 1885년에 등장한 일본 최초의 에키벤駅弁(기차역에서 파는 도시락) 또한 오니기리였다.

이후 오니기리는 1970년에 편의점(일본에서는 콘비니コンビニ라고 부른다)에 모습을 드러냈으며, 1978년에는 세븐일레븐이 오니기리용 비닐 포장 방식을 도입하여 김으로 감싼 오니기리를 판매하기 시작했다. 그리고 1980년대 들어서는 삼각형의 오니기리를 만드는 기계가 발명되어 오니기리의 대량생산이 가능해졌다.

한국에서는 주먹밥을 동그랗게 뭉치지만 오니기리의 모양은 삼각형인데, 그 이유는 산山과 관계있다. 예로부터 일본 사람들은 '신이 하늘에서 내려와 산에 산다.'고 믿었다. 《쌀의 인류학コメの人類学》을 쓴 문화인류학자 오누키 에미코大貫恵美子가 말한 것처럼, 일본인들은 '쌀에도 생명과 혼이 있으며, 쌀은 신 자체'라고 생각해 오니기리를 산의 모습을 본떠 삼각형의 모양으로 만든 것이다. 이에 대한 근거는 오니기리의 또 다른 이름인 '오무스비'에서 찾을 수 있다. 일본어 무스부結ぶ는 '잇다' 또는 '맺다'라는 뜻으로, 일본 사람들은 쌀로 만든 오니기리가 신과 인간, 그리고 인간과 인간을 연결해주는 음식으로 생각하여 '오무스비'라고 부른 것이다.

고시히카리의 원산지, 니가타의 **'바쿠단오니기리야'**

오니기리가 쌀 본연의 맛을 가장 잘 느낄 수 있는 음식인 만큼, 오니기리를 맛볼 곳은 쌀이 맛있는 곳이어야 한다. 따라서 오니기리를 맛보기 위해 가장 먼저 찾은 곳은 일본 혼슈本州 중북부에 위치한 니가타현新潟県이다. 니가타는 일본에서 쌀 생산량 1위를 자랑하는 곳이며, 1944년 니가타현에서 탄생한 고시히카리コシヒカリ는 일본에서 가장 인기 있는 쌀 품종이자 고급 쌀의 대명사로 알려져 있다.

오늘날 일본에서 생산되는 쌀의 3분의 1 정도를 고시히카리 품종이 차지하고 있지만, 일본에는 고시히카리 말고도 지역마다 특화된 쌀 품종이 여럿 있다. 예를 들어 미야기현宮城県의 히토메보레ひとめぼれ, 규슈九州 지역의 히노히카리ヒノヒカリ, 아키타현秋田県의 아키타코마치あきたこまち, 홋카이도의 나나쓰보시ななつぼし가 각 지역을 대표하는 쌀 품종이라고 할 수 있다.

꽤 오래전에 니가타에서 오니기리를 먹은 적이 있다. 한 번

은 청주[i]와 스시를 먹으러, 또 한 번은 니가타 라멘을 먹으러 갔을 때였는데, 그때 니가타역 구내에서 먹은 오니기리가 아주 맛났던 기억이 있다. 그래서 이번에 다시 오니기리를 먹으러 니가타역에 갔으나 니가타역 앞 광장이 확장 공사 중이라 예전에 갔던 오니기리집은 찾지 못하고, 대신 니가타역 2층 폰슈칸ぽんしゅ館 안에 있는 또 다른 유명 오니기리집인 바쿠단오니기리야爆弾おにぎり家에 가보았다. 이곳은 가게 이름 그대로 일명 '폭탄(바쿠단) 오니기리'로 유명한 곳으로, 폭탄 오니기리는 '1홉(180g)의 쌀이 들어간 커다란 오니기리'를 말한다. 이곳은 '폭탄 오니기리'보다 훨씬 큰 '대폭大暴 오니기리'도 팔고 있는데, 이건 4홉의 쌀로 만든 오니기리다(일반 삼각 오니기리는 160엔부터, 폭탄 오니기리는 300엔부터, 대폭 오니기리는 2,200엔부터 시작한다). 이런 걸 보면 일본 사람들이 얼마나 오니기리를 좋아하는지 알 수 있다.

이곳에는 속 재료에 따라 15가지 종류의 오니기리가 있다. 먼저, 고시히카리 본래의 맛을 보기 위해 '시오 오니기리塩おにぎり'(오니기리 속에 다른 재료를 넣지 않고 소금으로 간을 한 밥만 뭉친 오니기리)를 주문해 맛을 보았다. 이 오니기리에 관해

i 일본의 청주清酒를 일본인들은 니혼슈日本酒라고 한다. 우리는 흔히 사케さけ라고 부르는 것이 니혼슈인데, 사실 사케는 '술'을 가리키는 일반 명사다.

가게는 "쌀 맛을 알 수 있는 오니기리"라고 소개해놓았는데, 역시나 고시히카리의 찰기가 느껴지면서 씹을수록 단맛이 나는 것까지는 좋았지만 밥의 양이 꽤 많아 반찬 없이 오니기리만 먹기는 쉽지 않았다.

다음으로 일본 특유의 식재료인 시소紫蘇(깻잎 모양의 채소로, 향이 매우 강하다)가 들어간 '오바大葉 오니기리'를 주문했다. 한 입 베어 먹어보니 "일본 주먹밥 맞네."라는 말이 나올 정도로 고시히카리의 쫀쫀한 식감과 함께 약간 달달한 간장맛과 시소의 강한 풍미가 느껴졌다. 세 번째로 선택한 건 돼지고기 소보로そぼろ(다진 생선이나 고기 살을 양념한 다음 볶은 것)와 다시마로 만든 '돈소보로 곤부豚そぼろ 昆布 오니기리'였는데, 오니기리 안에 된장 맛이 밴 돼지고기 소보로가 들어 있어 고시히카리와 아주 잘 맞았다.

전체적으로 오니기리에 들어간 밥의 양이 꽤 많아 오니기리 세 개를 먹고 나니 만복滿腹의 느낌이 들었다. 거의 밥 두 공기를 먹은 것 같은데, 일본인이면 몰라도 한국인이라면 '오니기리의 속 재료가 조금 더 많으면 좋을 텐데.'라거나 '밥의 양이 조금 적으면 좋을 것 같은데.'라고 생각할지도 모르겠다.

그런데 이상하게도 세 가지 오니기리의 밥 상태가 조금씩 달랐다. 시오 오니기리와 오바 오니기리는 밥이 조금 질어

된밥을 좋아하는 나에게는 그리 매력적이지 않았다. 이런 걸 보면, 오니기리는 쌀 품종도 중요하지만 어떻게 밥을 짓느냐에 따라 맛이 달라지는 것을 알 수 있다. 우리가 매일 먹는 쌀밥도 마찬가지겠지만 말이다.

★★★★

니가타현 니가타시 주오구 하나조노 1초메 1-1 CoCoLo니가타 니시N+ 니가타역빌딩

☎ 025-247-6388 | 영업시간 24시간 영업 (연중무휴)

니가타의 또 다른 명품 오니기리,
니기리마이

니가타역에서 5분 거리에 니가타 명물 오니기리 전문점 '니기리마이にぎり米'가 있다. 이곳은 '쌀의 고장' 니가타현에서도 경작 면적이 2퍼센트밖에 안 되는 논에서 재배하는 고급 고시히카리를 사용하는 것으로 정평이 난 가게다.

그런데 '설국雪国의 고향'[i]답게 아침부터 눈도 많이 오고 바람도 엄청 불어 호텔에서 빌려 쓰고 나온 우산살이 다 부러졌다. 눈과 바람을 헤쳐가면서 어렵사리 찾아가 큰길에서 조금 빗겨난 곳에 자리 잡은 니기리마이에 도착하자 가게 앞 입간판에 크게 적어놓은 "바로 만든 오니기리"라는 광고가 눈에 띈다.

정면에 주방이 보이는 식당 오른쪽 구석에는 자판기 모양의 키오스크가 자리 잡고 있다. 주문을 위해 메뉴를 들여다

i 니가타는 가와바타 야스나리川端康成의 소설 〈유키구니雪国〉의 배경으로, 가와바타는 실제로 니가타현 에치고유자와 온천의 한 료칸에 머물며 소설을 집필했다.

보니 오니기리의 종류가 꽤 많았지만, 이곳에서는 전통적인 오니기리의 맛을 보기 위해 우메보시 오니기리, 연어(사케さけ) 오니기리, 명란젓(멘타이코明太子) 오니기리를 주문했다(각 210엔, 300엔, 300엔).

5분 정도 지나자 된장국(미소시루味噌汁)과 함께 오니기리 세 개가 접시에 담겨 나왔는데, 이곳도 밥의 양이 많았지만 밥의 상태가 꽤 좋았다. 하나씩 맛을 보니 우메보시 오니기리는 새콤짭짤하고 깔끔한 매실 절임이 고시히카리의 맛을 돋보이게 해주었고, 짭짤한 맛의 연어와 명란젓 또한 고시히카리와 아주 잘 맞았다.

아무래도 한국인 입맛에는 속 재료 없이 소금으로 간을 한 시오 오니기리만 먹기는 좀 어렵다. 그래서 그것을 제외하고 일본의 전통적인 오니기리를 맛보려면 '오니기리 삼총사'라고 할 수 있는 우메보시 오니기리, 연어 오니기리, 명란젓 오니기리부터 먹어보는 게 좋다.

★★★★☆

니가타현 니가타시 주오구 2초메 8-4 히가시도리 ☎ 025-282-5010

영업시간 8:00~15:00, 16:00~19:00 (일요일 휴무)

3대째 오니기리집,
도쿄의 '오니기리 야도로쿠'

어떤 종류의 음식이든, 그 발상지가 어디이든, 가장 잘하는 곳을 꼽으라면 아무래도 수도 도쿄에 있을 가능성이 크다. 도쿄에서 첫 번째로 선택한 곳은 도쿄에서 가장 오래된 오니기리집으로 알려진 '오니기리 야도로쿠おにぎり宿六'로, 1954년부터 오니기리를 판매했다고 한다.

야도로쿠는 관광지로 유명한 아사쿠사浅草의 센소지浅草寺에서 5분 거리에 있어 찾아가기가 그리 어렵지 않다. 점심시간이 조금 지난 오후 1시 30분쯤 대로가에 있는 가게로 들어가니 카페 분위기가 물씬 풍기는 자그마한 공간에 4인용 테이블 두 개와 10여 명이 앉을 수 있는 카운터석이 눈에 들어왔다. 이상하게도 손님이 한 명도 없어 잠시 머뭇거리고 있는데, 안쪽 주방에서 젊은 남자가 나와 "예약하셨나요?"라고 묻더니 "미리 예약을 해야 하는데요."라고 덧붙인다. 나는 오후 2시 5분으로 예약을 하고 나서 다시 밖으로 나왔다. 처음에는 식당이 예약제라고 해서 조금 의아했는데, 곰곰이 생각해보니 이곳은 가게가 작아 예약제로 하지 않으면 가게 밖에 긴 줄이 생겨 옆 가게나 보행자들에게 폐를 끼칠 것 같다.

가게를 나와 잠시 센소지 근처를 어슬렁거리다 2시 5분에 가게를 다시 찾았더니 4인용 테이블 하나는 외국인 네 명이 차지하고 있었고, 다른 테이블에는 일본 사람들이 앉아 있었다. 나는 카운터석에 자리를 잡았다. 그러자 조금 전에 만났던 젊은 사장이 내게 "뭘로 하시겠습니까? 혹시 오니기리 2개, 미소시루, 다쿠앙으로 구성된 세트 메뉴(814엔)로 하실 건가요?"라고 묻는다. "세트 메뉴를 주세요."라고 했더니 그가 다시 "나카미中身(속 재료)는요?"라고 물어 '하토가라시葉唐辛子(간장에 끓인 고춧잎) 오니기리'와 '아미あみ 오니기리'를 달라고 했다. 그러자 내 옆에 앉아 있던 젊은 일본 여성이 주인에게 "아미가 뭐예요?"라고 물어본다. 아미는 간장에 절인 작은 새우인데, 일본 사람에게도 색다른 재료인가 보다. 이처럼 야도로쿠에는 우메보시 오니기리, 다라코たらこ(소금에 절인 명란젓) 오니기리, 곤부(다시마) 오니기리, 오카카おかか(가다랑어 조림) 오니기리 같은 일반적인 오니기리를 비롯해 아미 오니기리나 하토가라시 오니기리처럼 색다른 재료가 들어간 오니기리 20여 종을 내놓고 있었다.

카운터석에 앉은 덕에 바로 앞에서 사장이 오니기리를 만드는 걸 볼 수 있었는데, 그는 밥솥에 담긴 밥을 손으로 뭉쳐 삼각형으로 만들고, 그 안에 속 재료를 넣고는 바로 김을 붙여 나무 접시에 담아 내놓았다. 하나씩 맛을 보니 밥이 놀라울 정도로 부드럽고 푹신푹신하다. 아주 조금 밥이 진 것 같기도 했지만 무엇보다 속 재료가 아주 맛났고, 미소시루도 꽤 충실했다.

젊은 사장은 외국인들과도 스스럼없이 대화를 나눌 정도로 영어에 능하고 친절했다. 나도 그에게 말을 건네면서 일본 음식에 관련된 책을 쓰려 한다고 했다. 그러자 그가 "음식을 먹고 다니는 게 어렵지 않나요?"라고 물어 "힘들기는 하지만 나름 재미는 있어요. 4년 전에는 일본 면 요리에 관한 책을 냈는데요."라고 대답했다. 내 말을 들은 그가 "한국 사람들도 라멘을 좋아하죠?"라고 물으며 "저는 라멘을 잘 먹지 않아요. 오니기리집을 하고 있어서가 아니라 라멘은 맛이 비슷비슷해서요."라고 덧붙인다. 그래서 내가 "아니, 라멘도 홋카이도에서 규슈까지 맛이 아주 다르지 않나요?"라고 물었더니 그는 "오니기리는 속을 어떻게 채우냐에 따라 맛이 달라지는데, 라멘은 한 그릇에 담겨 있는 맛이 똑같아 지루한 느낌이에요."라고 한다. 듣고 보니 그의 말에도 일리가 있다.

그에게 "3대三代시죠?"라고 물었더니 맞다면서, "일본에서는 3대째가 가게를 망친다고 하죠!"라며 껄껄대고 웃었다. 이 말이 매우 재미있었는데, 아마도 2대인 자식 세대는 부

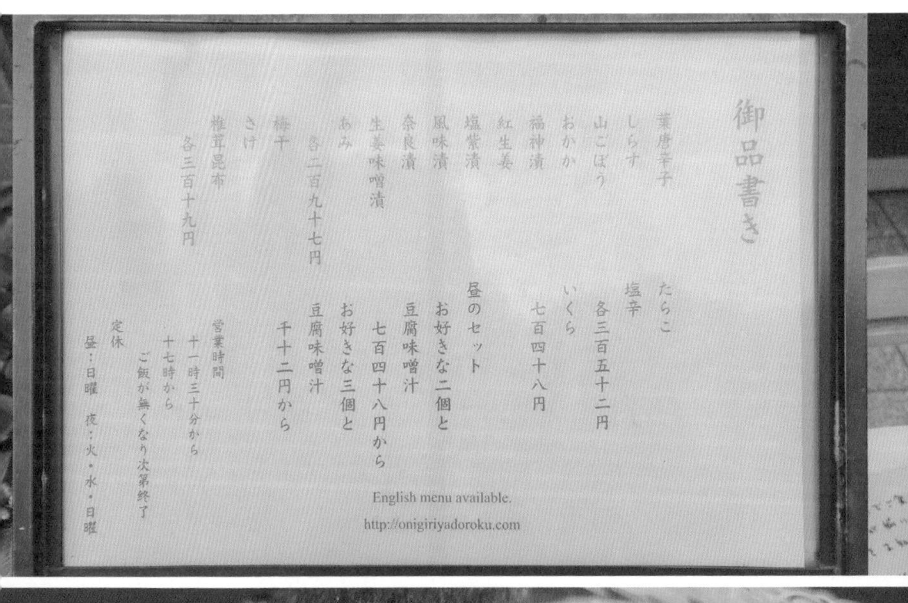

御品書き
葉唐辛子
しらす
山ごぼう
おかか
福神漬
紅生姜
塩紫漬
風味漬
奈良漬
生姜味噌漬
あみ
各二百九十七円
梅干
さけ
椎茸昆布
各三百十九円
たらこ
塩辛
各三百五十二円
いくら
七百四十八円
昼のセット
お好きな二個と
豆腐味噌汁
七百四十八円から
お好きな三個と
豆腐味噌汁
千十二円から
営業時間
十一時三十分から
十七時から
ご飯が無くなり次第終了
定休
昼：日曜 夜：火・水・日曜
English menu available.
http://onigiriyadoroku.com

모가 고생하며 가게를 일구는 것을 보고 자랐기 때문에 가게를 잘 이어가는 경우가 많지만 손자 손녀들은 그런 애틋한 감정이 덜할 터라 그럴 수도 있겠다는 생각이 든 것이다. 그에게 “이곳은 3대를 잘 넘길 터이니 롱런할 것 같네요.”라고 말을 건네자 그는 한국어로 “감사합니다.”라고 받아주었다.

야도로쿠는 가게 분위기와 오니기리 맛도 좋았지만 손님을 대하는 주인의 태도가 매우 마음에 드는 곳이었다. 아사쿠사에 갈 일이 있거나 센소지를 보러 갈 때 잠시 쉬는 기분으로 도쿄 전통의 오니기리를 맛보면 좋을 듯하다. 최근에는 오니기리집으로는 처음으로 《미슐랭 가이드》 빕 구르망Bib Gourmand[i]에 올라 그 인기가 더욱 높아졌다. 특히 영어로 된 메뉴가 있어 외국인도 편하게 주문할 수 있다.

★★★★☆

도쿄도 다이토구 아사쿠사 3초메 9-10 캐피털플라자아사쿠사キャピタルプラザ浅草

☎ 03-3874-1615 | 영업시간 11:30~15:00, 17:00~21:00 (일요일 휴무)

i 합리적 가격과 좋은 음식 맛을 갖춘 식당에게 부여하는 《미슐랭 가이드》의 등급.

항상 긴 줄이 서는 도교의 오니기리집,
오니기리 봉고

도쿄에서 가장 이름난 오니기리집은 1960년에 설립돼 오랜 역사를 자랑하는 '오니기리 봉고おにぎりぼんご'다. 가게 이름은 아프로-쿠반Afro-Cuban 타악기로 잘 알려진 '봉고bongo'에서 딴 것이라고 한다.

오니기리 봉고는 JR오쓰카역JR大塚駅 북쪽 출구에서 도보 2분 거리에 있어 찾아가기는 매우 쉽지만, 문제는 항상 긴 줄이 늘어서 있다는 것이다. 나도 이 가게에서 먹으려면 오래 줄을 서야 한다는 걸 모르지는 않았지만, '그냥 가서 조금만 기다리면 어떻게 되겠지.' 하는 마음으로 가게를 찾았다가 세 번이나 허탕을 친 일이 있다. 처음 찾아간 날은 토요일이었고 점심시간을 약간 넘겨 오후 1시 30분을 지난 시간에 찾았는데도 여전히 74명이 줄을 서 있어 그날은 포기하고 다음 주 월요일(일요일은 휴무)에 다시 찾았다. 그때는 서둘러 오전 11시 정도에 도착했는데, 이번에도 38명이 이미 줄을 서 있었다. 그냥 돌아갈까 하다가 꼭 오니기리를 먹어야겠다는 생각으로 대기

줄에 합류했는데, 잠시 후 등 뒤에 '봉고 유도원'이라는 글자가 적힌 옷을 입은 젊은 남자가 다가오더니 "지금부터 세 시간 정도 기다려야 합니다."라고 말하는 게 아닌가! 오니기리는 만들거나 먹는 데 그다지 시간이 걸리는 음식이 아닌데, 왜 그렇게 오래 기다려야 하는지 이해가 되지 않아, 반쯤은 오기로 한 시간을 기다렸다. 하지만 좀처럼 줄이 짧아지는 기미가 없는 데다 가랑비까지 내리는 날씨라 또 한 번 포기했다. 3주 후, 이번에는 전략을 바꾸어 가게 문을 열기 전인 오전 10시 30분에 가게를 찾았다(봉고의 영업시간은 매일 오전 11시 30분에서 저녁 11시). 벌써 24명이나 줄을 서 있었다. 그 광경을 보고 나니 "와, 사람들 대단하네. 오니기리가 뭐라고 이렇게 아침 일찍부터 줄을 서는 거냐!"라는 말이 저절로 나왔다. 또다시 발길을 돌려야 했다.

발상을 바꾸어, 이번에는 저녁 9시 30분에 다시 오니기리 봉고를 찾았다. 이번에는 18명이 차례를 기다리고 있어 "이 정도면 양호한 편이네."라고 혼잣말을 중얼거리며 줄에 합류했다. 10분 정도 지나자 금방 내 뒤로 8명이 늘어났는데, 잠시 후 아주머니 한 분이 가게에서 나와 줄을 서 있는 사람들에게 따뜻한 차를 건네주면서 "밤 10시에 줄을 마감합니다."라고 말하며 메뉴를 나누어주었다.

봉고는 오니기리의 종류가 매우 많은 곳으로 정평이 나

있다. 연어, 명란젓 등 기본적인 재료 외에도 마요네즈 명란젓, 조개 샐러드, 달걀노른자 간장절임, 그리고 매운 김치·돼지고기 볶음 같은 특이한 재료가 들어간 오니기리까지, 50여 가지의 오니기리가 있다(속 재료에 따라 350~450엔). 게다가 50엔을 추가하면 속 재료가 두 가지 들어간 오니기리도 맛볼 수 있어 오니기리를 골고루 맛보기에는 매우 좋지만, 그만큼 오니기리를 선택하기도 쉽지 않다. 그래서 손님들이 고르기 쉽게 메뉴에 '오니기리 베스트 10'과 속 재료 두 개를 섞은 '혼합 오니기리 베스트 10'을 적어놓았다. 나는 '혼합 오니기리 베스트 10' 가운데 1, 2위인 연어 알과 연어가 들어간 오니기리와 달걀노른자와 고기 소보로가 들어간 오니기리를 골랐다.

드디어 밤 10시 조금 지나 가게로 들어가자 아홉 명 정도 앉을 수 있는 카운터석은 이미 손님이 가득 찼다. 가게 벽에는 일본어로 오니기리 이름이 적혀 있었는데, 오니기리는 이미 밖에서 주문해놓은 터라 나는 자리를 잡고 앉아 두부가 들어간 미소시루와 오이 쓰케모노를 추가로 주문했다.

주방에서는 중년 남성 혼자 오니기리를 만들고 있었는데, 먼저 밥솥에서 밥을 한 뭉텅이 덜어내 커다란 작업대 위에 깔고, 그 위에 속 재료를 올려 손으로 잽싸게 삼각형 모양을 만들고 나서 바로 김을 말아 손님에게 내놓는다. 손도 빠르고 몸의 동작이 물 흐르듯 리드미컬해 보는 재미가 있었지만, 계속 들어오는 주문에 맞춰 쉴 새 없이 오니기리를 만드는 것이 보통 중노동이 아니라는 생각이 들었다.

한 10분 기다리자 오니기리 두 개가 내 앞에 놓였다. 세 번이나 헛걸음을 하게 만든 오니기리의 맛이 너무 궁금해 한 입 크게 베어 물었다. 속 재료가 가득 차 있는 게 지금까지 먹은 오니기리와 사뭇 달랐다. 알고 보니 이곳 봉고의 오니기리는 밥과 속 재료의 비율이 1:1 정도라고 하는데, 실제로 먹어 보니 다른 집의 오니기리보다 속 재료가 두 배는 더 들어 있는 것 같다. 그리고 "밥 참 잘 지었네."라는 말이 절로 나올 정도로 적당히 꼬들꼬들하게 지은 밥도 내 입맛에 아주 잘 맞았고 미소시루 또한 맛이 꽤 좋았다. 그런데 두 개를 모두 맛보고 나니, 하나만 혼합 오니기리로 하고 다른 하나는 보통으로 주문하는 게 나았을 거라는 생각이 들었다. 왜냐하면 연어와 연어 알이 들어간 오니기리는 조금 짠 연어 살에 똑같이 짠맛을 가진 연어 알이 합쳐져 너무 짰기 때문이다. 어쨌든 오니기리 두 개를 먹고 나니 배가 묵직해졌다. 무엇보다 숙제 하나가 해결된 것 같아 마음이 가뿐했다.

'오니기리 봉고'의 총평을 말한다면. '밥맛도 좋고 속 재료도 충실하며, 무엇보다 창의성이 돋보이는 오니기리집'이라고 말하고 싶다. 게다가 친절하게 손님을 대하는 종업원들의 모습도 좋았다. 단, 긴 줄을 서는 것만 빼고.

★★★★★

도쿄도 도시마구 2초메 27-5 기타오쓰카 ☎ 03-3910-5617

영업시간 11:30~23:00 (일요일 휴무)

나고야의 명물 오니기리
'텐무스'를 찾아

혼슈의 중심부에 있는 아이치현愛知県에는 색다른 오니기리인 텐무스天むす가 있다. 텐무스는 '텐푸라天ぷら'와 '무스비むすび'의 합성어로, 삼각형으로 뭉친 밥 안에 새우튀김이 들어 있는 오니기리다. 오니기리의 윗부분에 새우 꼬리가 튀어나와 있는 것이 특징이다.

원래 텐무스는 간사이関西 지역의 미에현三重県 쓰 시津市에 있는 튀김 데이쇼쿠 전문점 '센주千寿'에서 단골손님을 위해 내놓은 음식이었다. 그랬던 것이 그 인기가 높아지면서 1959년에 센주는 아예 텐무스 전문점으로 전환했고, 1965년에는 텐무스를 상표등록까지 했다. 이후 1981년에는 노렌와케のれん分けi의 형식으로 나고야名古屋에 텐무스 매장이 생겼다(센주의 경우는 종업원에게 노렌와케를 해준 것은 아니고, 나고야에

i '노렌'은 가게의 상호명이 적혀 있는 직사각형의 천을 가리키며, 노렌와케는 노렌(のれん)을 나눠준다(分け)는 뜻이다. 가게를 위해 열심히 일한 종업원이 독립할 때 같은 이름의 상호를 사용할 수 있게 해주는 것을 말한다.

서 센주를 찾아온 후지모리藤森라는 사람에게 텐무스를 세상에 퍼트리지 않는다는 조건으로 텐무스 조리법을 알려주고 노렌와케를 해준 것이다). 이후 나고야 센주가 TV에 소개되면서 텐무스는 나고야의 명물 음식이 되었다.

원래는 텐무스 센주 오스본점天むす 千寿 大須本店을 찾아가려 했으나 이곳은 나고야역에서 조금 떨어져 있어 긴테쓰나고야역 개찰구 앞에 있는 센주 분점을 찾아갔다. 하지만 이곳은 매장도 작고 조금 초라한 느낌이 들어 JR나고야역 다카시마야高島屋 백화점 지하 1층 식료품 매장 한쪽에 자리 잡은 텐무스 테이크아웃 전문점 지라이야地雷也를 찾아갔다. 깔끔한 분위기의 매장 안쪽에서 직원 두세 명이 열심히 오니기리를 뭉치고 있어 맛난 텐무스를 맛볼 수 있을 거라는 기대가 들었다. 어차피 새우 튀김이 들어갔을 터 별다른 종류가 있을까 싶었는데, 텐무스 종류가 꽤 다양하다. 나는 두 가지 종류의 텐무스 다섯 개가 들어 있는 세트를 사 가지고 나왔다. 가격은 760엔.

교토로 가는 신칸센 안에서 텐무스가 담긴 상자를 열어 보니, 말린 바나나 잎 안에 텐무스가 담겨 있었다. 맛을 보니 약간 소금 간이 되어 있는 밥과 새우 튀김의 맛이 매우 잘 맞았으며, '나고야와 참 잘 어울리는 음식이네.'라는 생각이 들었다. 나고야는 새우 튀김으로 유명한 곳이니 말이다.

★★★★☆

테이크아웃 전문점 지라이야: 아이치현 나고야시 나카무라구 메이에키 1초메 1-4

☎052-566-1101 | 영업시간 10:00~20:00 (연중무휴)

덴무스센주 오스본점: 아이치현 나고야시 나카구 오스 4초메 10-82

☎052-262-0466 | 영업시간 8:30~18:00 (화요일, 수요일 휴무)

일본 아침밥의 상징, 다마고 가케 고항

다마고 가케 고항卵かけご飯[i]은 흰 쌀밥 위에 날 달걀을 올려 비벼 먹는 일본식 계란밥이다. 때로 다마고 붓가케 고항卵ぶっかけごはん, 다마고 가케卵かけ, 또는 다마고 가케 메시玉子かけ飯라고 부르기도 하는데, 이 가운데 '다마고 가케 고항'이라는 말을 가장 많이 사용하며, 때로 다마고 가케 고항의 영어 표기인 Tamago Kake Gohan을 줄여 T.K.G.로 부르기도 한다.

언제나, 어디서나 손쉽게 만들어 먹을 수 있는 다마고 가케 고항은 일본 사람들이 어릴 적부터 먹어온 소울푸드 가운

i 다마고(卵 또는 玉子로 표기)는 달걀, 가케かけ는 '끼얹기', 고항ご飯은 밥을 뜻한다.

데 하나이며, 오니기리처럼 밥맛을 오롯이 느낄 수 있는 음식이기도 하다. 특히 아침밥으로 많이 먹어, 호텔이나 료칸에서 아침밥을 제공할 때 비벼 먹는 용도로 날달걀을 주는 경우가 많다.

지금은 일본에서 다마고 가케 고항을 먹기가 매우 쉽지만, 일본 사람들이 달걀이나 다마고 가케 고항을 먹기 시작한 건 그리 오래되지 않았다. 이는 무엇보다 종교적인 이유가 컸는데, 일본에서는 불교의 영향으로 육肉고기보다는 생선을 주로 먹었고, 신도神道[i]에서도 달걀은 신에게 바치는 제물이었기 때문에 음식으로 먹지 않았다. 그러다가 에도 시대에 들어 닭을 애완용으로 키우면서 수정되지 않은 달걀은 부화하지 않는다는 것을 알게 되었다. 그때부터 더 이상 달걀을 신성한 존재로 보지 않게 되었고, 달걀을 얻기 위해 닭을 기르기 시작했다. 하지만 당시 서민들이 밥 위에 비싼 달걀을 올려 먹는 건 상상하지 못할 일이었다.

사람들이 흔히 먹는 음식 치고는 드물게도, 다마고 가케 고항은 처음 만든 사람과 시기가 정확히 알려져 있다. 1872년(메이지 5)에 오카야마현岡山県에 살았던 기시다 긴코岸田吟香라는 사람이 처음으로 다마고 가케 고항을 만들었다고 전해

i 일본 고유의 신앙으로, 신도 신앙을 상징하는 곳이 신사神社다.

지는 것이다. 기시다 긴코는 일본 최초의 종군기자이자 일본 라인댄스line dance/線舞의 창시자이며 헵번식 로마자 표기법 Hepburn Romanization System을 만든 제임스 커티스 헵번James Curtis Hepburn을 도와 일본어-영어사전을 만든 매우 흥미로운 인물이다. 기시다는 따뜻한 밥 위에 날달걀을 서너 개 올려 구운 소금과 고춧가루를 뿌려 먹었다고 하며, 다른 사람들에게 다마고 가케 고항을 추천하기도 했다고 한다. 그래서 그를 '다마고 가케 고항의 창시자'라고 부른다.

또한 세월이 흘러 2002년에 시마네현島根県의 한 시골 마을에서 만든 다마고 가케 고항용 특제 간장인 '오타마항おたまはん'이 크게 인기를 끌었다. 이후 이와 비슷한 특제 간장이 이곳저곳에서 만들어지며 많은 사람들이 집에서나 식당에서 다마고 가케 고항을 즐겨 먹게 되었다. 오늘날 일본에는 50개가 넘는 다마고 가케 고항 전용 간장이 있는 것으로 알려져 있으며, 실제로 다마고 가케 고항 전문 음식점에 가면 테이블 위에 일반 간장과 함께 전용 간장이 놓여 있다.

하카타역 내 다마고 가케 고항 전문점,
우치노타마고

후쿠오카에 들렀을 때 JR하카타역 구내에 있는 우치노타마고うちのたまご('우리집 달걀'이라는 뜻)를 찾아갔다. 이곳은 다마고 가케 고항을 비롯해 오야코동親子丼(닭과 달걀을 얹은 덮밥), 에그타르트, 푸린プリン(일본식 커스터드 푸딩)처럼 달걀과 닭을 주재료로 한 간단한 음식을 팔고 있는 가게이며, 이른 아침부터 많은 사람들이 식사를 하러 찾아오는 다마고 가케 고항 전문점이기도 하다.

바쁜 아침 시간을 피해 오전 10시 30분쯤 찾아갔더니 다행히 줄이 길지 않았고 손님 회전도 빨라 5분 정도 기다린 끝에 카운터석에 자리를 잡고 앉았다. 메뉴를 들여다보니 "아사고항朝ご飯. 오전 8~11시 445엔. 이후에는 590엔. 멘타이코 토핑은 100엔 추가, 달걀 추가는 90엔. 쌀은 나가사키長崎산 히노히카리 사용"이라고 적혀 있다. 나는 멘타이코나 달걀 추가 없이 기본 아사고항(아침밥)을 주문했다.

잠시 후 김이 모락모락 나는 밥 한 공기와 날달걀, 미소시루, 쓰케모노가 놓인 상이 내 앞에 놓였다. 다마고 가케 고항을 먹는 방법은 간단하다. 따끈따끈한 밥 위에 날달걀을 깨 얹고 간장을 살짝 뿌려 먹으면 되는데, 이곳의 테이블 위에 간장과 어장魚醬이 놓여 있어 이 둘을 번갈아 넣어가면서 먹어보니 밥맛이 더욱 살아났다. 달걀 요리 전문점이라 그런지 날달걀을 밥에 비벼 먹는데도 전혀 달걀 비린내가 나지 않았고, 오히려 고소한 맛이 돋보였다. 밥을 먹고 나니 '꼬끼요!' 하고 몸이 깨어나는 느낌이 들었다.

★★★★

후쿠오카현 후쿠오카시 하카타구 하카타에키주오가이 1-1 ☎ 092-432-3562

영업시간 8:00~21:00 (연중무휴)

달걀을 골라 먹는 재미,
기사부로노조

날달걀을 밥에 비벼 먹는 음식인 만큼, 다마고 가케 고항을 가장 맛있게 먹을 수 있는 곳은 달걀이 싱싱한 농장이 아닐까. 진짜 농장은 아니지만 농장 직송 달걀로 만든 다마고 가케 고항을 맛볼 수 있는 식당이 있는데, 바로 도쿄의 다마코 가케 고항 전문점인 기사부로노조喜三郎農場(기사부로 농장)다. 도쿄 지하철 도에이미타선都営三田線 센고쿠역千石駅에서 2분 거리에 있는 기사부로노조는, 가게 이름만 들어도 특별한 다마고 가케 고항을 만날 것 같은 기대가 생기는 곳이다.

오전 11시에 첫 손님으로 들어간 식당 안에서는 조용한 음악이 흘러나오고 있었다. 식당은 카페처럼 꾸며놓았는데, 살짝 가정집 분위기도 느껴졌다. 카운터석에 자리를 잡고 메뉴를 들여다보니 오야코동도 있고 런치 스페셜 메뉴도 다양하게 마련되어 있지만, 나는 이곳의 명물 음식으로 알려진 '다마고 가케 고항 호우다이'[i]를 선택하고, 아이스커피도 한 잔 주문했다. 이처럼 일본에는 정해진 시간 동안 음식이나 술을 마

음껏 먹을 수 있는 '다베호우다이食べ放題'나 '노미호우다이飲み放題'가 있어 나도 이런 곳에는 여러 번 가본 적이 있다. 그렇지만 달걀을 마음껏 먹을 수 있는 곳은 이번이 처음이었다. 이곳의 '다마코 가케 고항 호우다이'는 여섯 종류의 달걀과 밥을 실컷 먹을 수 있는 이른바 '무제한 다마고 가케 고항'이라고 할 수 있다(1,200엔).

잠시 후 젊은 남자 점원이 넓은 쟁반을 들고 와 내 앞에 내려놓았다. 제법 많은 양의 공깃밥과 빈 그릇 두 개, 그리고 미소시루와 오신코おしんこ(소금과 쌀겨에 절인 채소 반찬)가 담겨 있었는데, 아마도 빈 그릇 하나는 달걀을 담는 것이고, 다른 하나는 다마고 가케 고항을 만들어 먹는 그릇인 것 같았다.

이제 다마고 가케 고항 만찬을 즐길 시간이다. 먼저 아이스커피를 한 모금 마시고, 달걀들이 진열되어 있는 곳으로 갔다. 제일 먼저 맛본 것은 고치현高知県의 유즈타마고柚子たまご. 밥을 조금 덜어 빈 그릇에 넣고 달걀을 깨뜨려 맛을 보았더니 "오, 신기하네!"라는 말이 나올 정도로 달걀에서 유자 맛이 또렷이 느껴졌다. 이어서 맛본 군마현群馬県의 유야케夕焼け('저녁 노을'이라는 뜻) 다마고는 이름대로 노른자의 진한 색과 신선한 맛이 돋보였고, 일본 3대 닭 품종 가운데 하나인 나고

i '호우다이放題'는 '마음껏 ~하다'라는 뜻이다.

北海道白老産
KAORU BIRD
賞味期限
230214
名古屋コーチン
北海道白老産
KAORU BIRD
賞味期限
230221
ゆうやけ卵
群馬県高崎市産
三喜鶏園
ビタミンEが普通の卵の約20倍で、こって
味わい。黄身が夕焼けのように赤いのが
当店で1番人気の卵です。

山梨県北杜市産
ハイチック
⑥
赤がら卵
山形県天童市産
半澤鶏卵

야코친名古屋コーチン의 달걀은 묵직하고 탱탱한 맛이 일품이었다. 네 번째로 맛본 아키타현의 히나이지도리比內地鷄 다마고도 싱싱하고 단단한 맛이 느껴졌고, 아이치현의 미캉타마고蜜柑たまご는 다른 달걀과 달리 노른자가 옅은 색을 띠고 있는 게 특이했고, 끝으로 맛본 야마나시현山梨県의 와인타마고는 부드러운 맛이 매력적이었다. 하지만 아무리 다양한 달걀의 맛을 즐길 수 있어도 결국 밥맛이 중요한데, 이 집은 밥도 잘 지었고 미소시루와 오신코도 모두 맛났다.

사실 이 집에 한 번 가볼까 하면서도 '한꺼번에 그렇게 많은 달걀을 먹을 수 있을까?' 하는 고민 때문에 실제로 오기까지 오랫동안 망설였다. 그런데 막상 와보니 달걀 맛이 서로 달라 하나씩 비교하면서 먹는 재미가 있었다. 또한 달걀이 모두 싱싱하고 노른자가 매우 고소해 흰 쌀밥과 아주 잘 어울렸다. 이렇게 서로 다른 맛의 달걀 여섯 개로 다마코 가케 고항을 만들어 먹고 나니, 다마고 가케 고항이 내 몸에 각인되는 느낌이 들었다.

★★★★★

도쿄도 분쿄구 센고쿠 1초메 23-11 ☎ 03-3943-3746

영업시간 11:00~14:30, 17:00~22:00 (연중무휴)

喜三郎農場

다양한 맛과 편한 속,
오차즈케

오차즈케お茶漬け는 녹차를 우려내 흰 쌀밥에 부어 먹는 음식이다. 오차즈케의 기원에 관해서는 그리 많은 것이 알려져 있지 않지만 헤이안 시대(794~1185)의 유즈케湯漬け(밥에 뜨거운 물을 부어 먹는 음식)에서 그 유래를 찾을 수 있으며, 무로마치 시대室町時代(1338~1573) 후기에는 일본에 다도茶道가 도입되어 전국적으로 차 소비가 확산되면서 유즈케 대신 밥에 찻물을 부어 먹는 오차즈케가 등장했다.

이후 에도 시대에 들어 오늘날처럼 쓰케모노와 함께 먹게 되면서 오차즈케는 서민들의 간편식으로 자리 잡았다. 에도 시대 중기에는 오차즈케에 다양한 토핑을 올려 먹게 되었으며, 점차 오차즈케가 인기를 끌면서 오차즈케 전문점인 차즈케야茶漬屋도 등장했다. 1970년대 이후에는 동결 건조한 오차즈케 토핑과 조미료로 구성된 인스턴트 오차즈케가 등장해 가정에서도 손쉽게 오차즈케를 만들어 먹을 수 있게 되어, 누구나 쉽게 허기를 달랠 수 있는 일본인의 소울푸드로 자리 잡았다. 매년 5월 17일은 '오차즈케 기념일'이기도 하다.

일반적으로 오차즈케는 밥에 뜨거운 찻물이나 다시出し(육수)를 부어 먹지만 더운 여름철에는 차가운 찻물을 부어 먹기도 하는데, 이를 '히야시 오차즈케冷やしお茶漬け'(차가운 오차즈케)라고 부른다. 또한 코스 요리를 제공하는 고급 레스토랑에서는 오차즈케를 식사 마지막에 제공하기도 하며, 교토(를 비롯한 간사이 지역)에서는 오차즈케를 '부부즈케ぶぶ漬け'라고 부르기도 하는데, 교토의 가정집에서 손님들에게 "이제 부부즈케를 드시겠습니까?"라고 하면 '이제 돌아갈 시간입니다.'를 의미한다고 한다.

오차즈케는 녹차나 겐마이차玄米茶(현미차) 등으로 만들 수 있지만 요즘 오차즈케 전문점에 가면 녹차 대신 다시를 밥에 부어주는 곳이 많으며(이를 '다시즈케出し漬け'라고도 한다), 오차즈케집에서는 명란젓, 연어 알, 시오카라塩辛(해산물 젓갈), 참치회, 도미회, 구운 연어, 쓰케모노, 가쓰오부시鰹節(가다랑어포), 해초, 파, 와사비, 참깨 등을 토핑으로 사용한다.

교토의 오차즈케 전문점,

교토오부야

오차즈케는 집에서 간단히 만들어 먹을 수 있는 음식이지만 가끔 오차즈케를 전문으로 내는 음식점도 눈에 띄는데, 교토에 있는 교토오부야京都おぶや도 이런 곳 중 하나다. 원래 교토오부야는 '교토의 부엌'이라고 불리는 니시키錦시장 옆 골목에 있다가 최근 JR교토역 건물 안으로 자리를 옮겼다.

늦은 오후, 교토역 구내에 자리한 이세탄 레스토랑 별관 3층으로 올라가자 바로 교토오부야가 보인다. 식당 앞 간판에는 "90년 된 사카야"라고 쓰여 있는데, 사카야魚屋(생선집)라는 소개답게, 이곳은 생선회 정식, 해산물 덮밥과 함께 풍성한 해산물이 토핑으로 올라간 오차즈케를 내는 곳이다. 메뉴를 보니 뱅어와 우메보시, 구운 명란젓, 도미, 다시마, 가리비, 오징어, 문어 등 해산물을 토핑으로 올린 오차즈케 종류가 많았다. 이 중에서 나는 고마다레(고소한 맛이 특징인 참깨 소스)를 올린 '다이토고마다레鯛と胡麻だれ 오차즈케'(1,200엔)를 주문하

京都
おぶや
魚屋だし茶漬け
お知らせ
先払い制

고, 밥은 대, 중, 소 가운데 '소'로 선택했다.

음식은 2~3분 후에 바로 나왔는데, 흰 쌀밥 위에 달랑 도미 네 조각이 올라가 있었다. 좀 야박하다. 테이블 위에는 다시차즈케だし茶漬け(이 집에서는 가쓰오부시 등으로 우려낸 다시 국물을 사용하는데, 이를 다시차즈케라 표현했다) 먹는 법을 설명해놓은 안내문이 있다. 그 내용을 보면, 먼저 밥에 다시 국물을 넣어 다시의 맛을 음미하고, 다음에는 주재료(나의 경우에는 도미)와 토핑을 올려 맛을 보고, 끝으로 가쓰오부시를 넣어 먹으라는 것이다. 안내문의 설명대로 세 단계에 걸쳐 오차즈케의 맛을 보니, 다시 국물은 그리 짜지 않아서 좋았고, 밥도 100년의 역사를 가진 교토 쌀집의 쌀로 지은 밥이라서 그런지 맛있었다. 그리 푸짐한 음식은 아니었지만 속은 매우 편했다.

여행 중 간단히 배를 채우고 싶거나 오차즈케를 한 번 경험하기 위해 들러볼 만한 곳.

★★★

교토부 교토시 시모쿄구 가라스마도리 히가시시오코지초 JR교토이세탄 3층

☎ 075-708-5889

영업시간 11:00~22:00 (연중무휴)

일본식 백반의 정석,
데이쇼쿠

데이쇼쿠定食는 이름대로 '미리 정해놓은 음식', 즉 영어로 '세트 메뉴set menu'라고 할 수 있다. 우리나라의 백반처럼 밥과 국, 그리고 한 가지 주 반찬과 간단한 밑반찬으로 구성된 상차림이다. 보통 데이쇼쿠의 이름은 주 반찬에 따라 정해지는데, 예를 들어 고등어 구이가 주 반찬이라면 '사바 데이쇼쿠サバ定食'가 되는 것이다. 실제로 데이쇼쿠에 들어가는 메인 반찬은 생선 구이나 조림, 돼지고기나 쇠고기 조림이나 볶음, 생선회, 튀김, 돈가스 등 매우 다양하며, 사실 모든 음식에 밥과 국이 곁들여지면 전부 '데이쇼쿠'라고 부를 수 있다.

원래 데이쇼쿠는 일본 선종禪宗 사찰음식의 기본 원리인 '이치주잇사이一汁一菜'(국 하나, 나물 하나)에 기반한 상차림이

자 간단하게 차려 먹는 일본 가정식이 반영된 요리라고 할 수 있다. 무엇보다도 데이쇼쿠는 식단이 미리 정해져 있어 빨리 주문해 먹을 수 있고 가격도 저렴해 직장인들의 점심 식사로 선호되며, 일반 정식집뿐 아니라 야요이켄やよい軒, 마이도 오키니 쇼쿠도まいどおおきに食堂, 마치카도야街かど屋와 같은 데이쇼쿠 전문 프랜차이즈도 있어 일본 어디에서나 쉽게 즐길 수 있는 음식이다.

정어리의 모든 것,
도쿄 '신주쿠캇포 나카지마'의 데이쇼쿠

우리의 백반집이 그러하듯이, 일본에서 데이쇼쿠집은 그리 까다롭게 고를 만한 음식점이 아니다. 가까운 곳에 단골집을 만드는 게 정답이다. 그런데 도쿄에 있는 '신주쿠캇포 나카지마新宿割烹 中嶋'는 좀 다르다. '미슐랭 원 스타one srar'를 자랑하는 음식점이기 때문이다.

신주쿠역 동남쪽 출구로 나와 5분 정도 걸어가다가 큰 거리에서 살짝 안으로 들어가면 5층짜리 히하라日原 빌딩이 보이는데, 이 빌딩 지하 1층에 나카지마가 자리 잡고 있다. 개점 시간인 오전 11시 30분이 되자 남자 직원이 나와 노렌을 걸며 미리 와서 줄을 서 있는 손님들에게 "들어오세요."라고 인사를 한다. 그를 따라 들어가니 기다란 카운터석이 주방을 끼고 빙 둘러 있고, 식당 한쪽에 테이블이 몇 개 놓여 있었다.

이곳은 식당 이름에서도 알 수 있듯이 '갓포割烹'[i] 요리 전문점이지만, 점심시간에 한해 저렴한 가격으로 이와시鰯(정어리) 데이쇼쿠를 내놓고 있다. 그래서 점심 메뉴도 정어리 조림 데이쇼쿠, 정어리 튀김 데이쇼쿠, 정어리회 데이쇼쿠뿐이며, 정어리회와 정어리 튀김을 단품으로 주문할 수 있다. 나는 정어리 조림 데이쇼쿠와 정어리회 하프 사이즈를 달라고 했다. 이어 다른 손님들도 차례로 데이쇼쿠를 주문하자 하얀 조리복을 입은 젊은 요리사 서너 명이 분주히 움직이며 음식을 준비하기 시작했다.

잠시 후 내 앞에 정어리 조림 데이쇼쿠가 놓였다. 데이쇼쿠의 정석定石대로 왼쪽에 흰 쌀밥, 오른쪽에 미소시루, 그리고 가운데 정어리 조림이 놓여 있었다. 하나씩 먹어보니 정어

i 원래 갓포割烹는 한자 그대로 자르고 끓이는 것을 가리키며, '칼과 불을 이용한 요리'를 뜻한다. 일반적으로 일본에서 갓포 요리는 전문 요리사가 독창적이고 계절감 있는 음식을 고객의 취향에 맞게 즉석에서 만들어내는 고급 요리를 말한다.

리 조림은 과하지도 부족하지도 않은 달달한 간장 맛이 나는 것이 일본식 생선 조림의 원형을 맛보는 듯했고, 잘게 썬 정어리회도 매우 싱싱하고 맛있었다. 아마도 저녁 시간에 이 정어리회를 만났더라면 분명 청주를 한잔했을 거다. 다만 밥 상태는 조금 아쉬웠고, 미소시루도 정어리 조림에 비해서는 그리 인상적이지 않았다.

이건 좋은 건지 나쁜 건지는 모르겠으나, 갓포 전문점이라 그런지 데이쇼쿠를 먹기에는 다소 엄숙한 분위기였다. 내가 이날 먹은 정어리 조림 데이쇼쿠의 가격은 990엔(정어리회 440엔)밖에 되지 않았지만 저녁 시간이 되면 음식 가격이 아주 많이 올라간다.

미슐랭 원 스타의 맛집.

★★★★☆

도쿄도 신주쿠구 신주쿠 3초메 32—5 히하라 빌딩 지하 1층 ☎ 03-3356-4534

영업시간 11:30~13:30, 17:30~21:00 (일요일 휴무)

일본 어디에서나 맛볼 수 있는 데이쇼쿠,
야요이켄

데이쇼쿠 전문 프랜차이즈 레스토랑인 야요이켄やよい軒은 일본 전국에서 만날 수 있지만, 내가 찾은 곳은 후쿠오카 하카타역에서 2분 거리에 있는 야요이켄 지쿠시구치점筑紫口店이었다. 캐주얼한 분위기와 다양한 음식 종류가 눈에 띄는데, 나는 키오스크에서 연어 구이 데이쇼쿠에 추가로 낫토를 주문하고 자리를 잡고 앉았다.

점심시간이 다가오자 직장인으로 보이는 젊은 사람들이 한 명 두 명 들어오더니 이내 식당 안이 꽉 찼다. 역시나 프랜차이즈 레스토랑이라 주문한 음식은 매우 빨리 나왔다. 왼쪽에 밥과 낫토, 가운데에 연어 구이와 두부 한 점, 그리고 오른쪽에 바지락이 든 미소시루가 놓여 있는 상차림을 보니 "이게 바로 정식定食의 정식正式이지!"라는 말이 튀어나왔다.

전체적으로 맛은 꽤 괜찮은 편인데, 최근 음식 가격이 조금 올랐다(950엔).

★★★

후쿠오카현 후쿠오카시 하카타구 하카타에키히가시 2초메 1-26 하카타터미널호텔

☎ 092-437-2609

영업시간 6:00~23:00 (연중무휴)

조금 더 화려한 데이쇼쿠를 원한다면 고젠,
아카라쿠

일본에서 거리를 걷다보면 가끔 '고젠御膳'(젠膳은 '반찬'이라는 뜻)이라고 쓰인 간판이 눈에 띈다. '고젠'은 무엇을 가리킬까? 한마디로 설명하면, 고젠은 데이쇼쿠에서 메인 반찬이 조금 화려해지거나 반찬 수가 늘어난 음식이라고 할 수 있다. 비유를 하자면 우리의 백반과 한정식의 관계랄까. 그만큼 가격도 데이쇼쿠보다 조금 더 비싸다. 예를 들어, 일반적인 데이쇼쿠가 1,000엔 정도라면, 고젠은 2,000엔 정도라고 생각하면 된다. 물론 더 비싼 고젠도 있으며, 가격이 올라갈수록 고젠은 더욱 화려해지고 음식 종류도 많아진다.

사실 고젠을 내는 음식점은 데이쇼쿠집에 비해 그리 눈에 띄지 않는데, 마침 내가 후쿠오카에 갔을 때 묵었던 호텔 클리오코트ホテルクリオコート 3층 일식당 아카라쿠赤らく에서 고젠 요리를 팔고 있었다. 그래서 오랜만에 고젠 요리를 맛볼까 하여 저녁 시간에 가보았더니 고젠 요리 메뉴가 서너 가지 있었다. 나는 그중에서 도미 조림이 메인인 다이노아라타키鯛

のあら炊き 고젠을 주문했다.

잠시 후 음식이 나왔는데, 언뜻 보아도 일반적인 데이쇼쿠보다 반찬의 양도 많고, 상차림이 조금 더 화려해진 것을 알 수 있었다. 맛도 꽤 좋았다. 가격은 일반 데이쇼쿠보다 조금 비싼 2,000엔이었는데, 그래서 그런지 고젠은 호텔 레스토랑 음식이라는 느낌이 들었다. 데이쇼쿠집보다 차분한 분위기도 마음에 들었다.

★★★★

후쿠오카현 후쿠오카시 하카타구 하카타에키추오가이 5-3 클리오코트호텔 하카타 3층

☎ 092-472-1115

영업시간 11:30~14:30, 17:00~22:00 (수요일 휴무)

교토식 오반자이 고젠을 맛볼 수 있는

교사이미 노무라

교토에는 '교토다움'을 즐길 수 있는 음식점이 많은데, 교토식 오반자이 고젠おばんざい 御膳 전문점인 '교사이미 노무라京菜味のむら'도 그 가운데 하나다. 교토의 '오반자이'는 1964년 한 신문에서 교토의 전통 가정요리를 설명하기 위해 처음 사용한 말이다. '교토의 오반자이'로 불리려면 적어도 식재료의 반 이상이 교토산이거나 교토에서 만들어진 것이어야 하고 계절에 따른 음식 재료를 사용해야 하는데, 오반자이의 특징이라면 주로 간단한 채소나 해산물로 구성되는 것을 꼽을 수 있다.

교토 지하철 시조역四条駅에서 도보로 5분 거리에 있는 교사이미 노무라는 교토의 오반자이를 경험하기 좋은 곳이다. 이곳은 이른 아침인 오전 7시부터 영업을 할 뿐 아니라 사찰 음식을 닮은 채소 위주의 음식을 주로 내놓기 때문에 특히 젊은 여성들에게 인기가 많다.

입구에는 주문용 키오스크가 있고, 안쪽으로 테이블 6개

와 기다란 카운터석이 마련되어 있었다. 실내는 밝고 깔끔한 분위기에 가벼운 클래식 음악이 흘러나와 오반자이 고젠을 즐기기에 딱 좋을 것 같다. 특히 이곳은 점심시간에 수량 한정으로 제공되는 '가고젠雅ご膳'(1,800엔)이라는 메뉴가 유명해 나도 가고젠을 먹기 위해 12시가 되기 전에 찾아갔다. 그런데 내 앞에 서 있는 여섯 명의 젊은 여성이 키오스크에서 모두 가고젠을 주문하는 게 아닌가! '혹시 오늘 가고젠을 못 먹는 거 아냐?' 하는 위기감에 잠시 긴장했지만, 다행히 내 차례까지는 가고젠이 남아 있었다.

이윽고 젊은 종업원이 가고젠이 담긴 쟁반을 들고 왔는데, 다채로운 색깔의 자그마한 유리 종지에 반찬들이 정갈하게 담겨 있어 먼저 눈이 매우 즐거웠다. '교료리京料理'('교토의 요리'를 줄인 말)다운 모습에 '와우!'라는 소리가 절로 나왔다. 쟁반을 찬찬히 들여다보니 12개의 종지에 새우 샐러드, 도미, 두부, 에다마메枝豆(풋콩), 유부주머니, 고등어 조림, 달걀말이, 명란젓, 해조류, 오크라 등 다채로운 식재료로 만든 음식들이 담겨 있었으며, 앙증맞다는 표현이 어울릴 정도로 자그마한 떡도 꼬치에 꿰여 올라가 있었다. 밥 위에는 칡 전분으로 걸쭉하게 한 부드러운 두부 요리를 올려 먹기가 매우 편했다.

한마디로, 교사이미 노무라의 가고젠에는 '교토다운 멋과 맛'이 있었다. 맛이 자극적이지 않고 간도 짜지 않아 건강한 밥상을 받은 느낌이 들었다.

교토다운 음식을 즐기기 좋은 곳으로 강추.

★★★★☆

교토부 교토시 나카교구 다코야쿠시도리 히가시벤케이초 224 ☎ 075-257-7647

영업시간 7:00~14:00 (연중무휴)

오랜 역사와 화려한 변신, 벤토

도시락을 뜻하는 일본어 벤토弁当. 이 벤토의 역사는 가마쿠라 시대(1185~1333)까지 거슬러 올라간다. 당시 일본인들은 먹을거리를 싸서 일터나 사냥터, 낚시터에 가지고 갔으며, 전쟁에 동원됐을 때에도 먹을거리를 들고 다니며 먹었다. 한편, 벤토라는 용어는 중국 남송(1127~1279)에서 사용되던 '비엔탕便當'('편의'를 뜻함)이라는 말이 일본에 들어와 便道와 弁道로 변형되어 지금까지 이어졌다.

센고쿠 시대(1467~1573)에 들어서는 오와리尾張(지금의 아이치현)의 다이묘 오다 노부나가織田信長가 수성전守成戰을 벌일 때 성 안으로 피난 온 사람들에게 간단한 음식을 배급하며 벤토의 존재가 대중화되었고, 1603년에는 일본어-포르투갈

어사전에 '벤토'라는 단어가 처음 언급되기도 했다. 벤토 문화는 에도 시대에도 계속 발전해 일본 사람들의 일상에서 한 부분이 되었다. 서민들이 나들이를 가거나 여행을 할 때 대나무 상자에 오니기리 몇 개를 넣은 고시 벤토腰弁当를 허리에 차고 다닌 것이다.

오늘날 일본을 대표하는 벤토라고 할 수 있는 쇼카도 벤토松花堂弁当와 마쿠노우치 벤토幕の内弁当 또한 에도 시대에 나타났다. 이 가운데 마쿠노우치 벤토는 이름 그대로 노能나 가부키歌舞伎의 공연 중간 쉬는 시간이나 막幕과 막 사이에 배우들이 먹었던 도시락으로, 참깨를 뿌린 밥에 생선이나 고기류, 달걀 또는 쓰케모노나 우메보시 같은 반찬을 곁들였는데, 나중에는 이를 흉내 낸 도시락을 관객들도 앞다투어 먹게 되었다.

마쿠노우치 벤토보다 먼저 나타난 쇼카도 벤토는 에도 시대 초기에 살았던 승려 쇼카도 쇼조松花堂昭乗(1584~1639)의 이름을 딴 도시락이다. 회화, 서예, 시, 다도의 달인이기도 했던 쇼조는 농부들이 작은 칸막이로 나뉜 용기에 씨를 보관하는 것에 착안해 '밭 전田' 자 모양의 서예 도구 상자와 담배 도구 상자를 고안하기도 했고, 다도 문화에 심취해 자주 친구들을 불러 자신이 만든 사각 상자에 가벼운 음식을 담아 차와 함께 대접하곤 했다. 쇼조가 세상을 떠난 후 문화계 인사들이 그를 추모하기 위해 '쇼카도회'를 결성하고, 때때로 다도회를 열면서 쇼조가 만든 것과 비슷한 네모난 상자를 차에 곁들일 음식을 담는 용기로 사용했다. 현재 쇼조가 만든 상자는 남아 있지 않지만, 우리가 볼 수 있는 몇 가지 복제품에는 상자 바닥에 사계절을 상징하는 수선화(겨울), 제비(봄), 물총새(여름), 국화(가늘과 겨울) 그림이 그려져 있다.

쇼조가 했던 것처럼 네모난 상자에 음식을 담은 '쇼카도 벤토'는 오늘날 고급 도시락의 대명사처럼 여겨지는데, 고급 쇼카도 벤토에는 코스 요리로 제공되는 가이세키 료리와 마찬가지로 계절감과 식감 그리고 색감을 살린 다채로운 음식이 담기는 것이 특징이다.

교토 벤토의 명가,
시모가모 사료

일본의 전통 도시락을 맛보기 가장 좋은 곳은 일본에서 음식 미학이 가장 발달된 곳으로 알려진 교토이며, 교토풍 벤토를 맛보려면 교토의 고급 전통 음식점에 가야 한다. 하지만 이런 곳은 대부분 미리 예약을 해야 하기 때문에 나는 교토 중심가 다이마루大丸 백화점 지하 1층 식품부에 있는 시모가모 사료下鴨茶寮 다이마루점을 찾았다.

시모가모 사료는 1856년에 창업한 노포이면서 2021년에 미슐랭 원 스타를 획득한 음식점이다. 본점은 유네스코 세계문화유산으로 지정된 시모가모에 위치해 있으며, 다이마루점은 시모가모 사료의 벤토를 전문적으로 판매한다.

나는 여러 종류의 벤토 가운데 료리모리아와세 주니에마키(봄·여름)料理盛合せ 十二絵巻, 春夏('열두 가지 그림 두루마리의 모둠요리'라는 뜻, 2,160엔)을 골랐다. 이 도시락은 이름 그대로 열두 칸으로 나뉜 그릇에 다채로운 제철 음식을 담은 쇼카도 벤토다. 그런데 이 벤토는 반찬으로만 구성되어 있기 때문에 제대로 한 끼 식사를 하려면 밥을 따로 구입해야 한다. 하지만 나는 이 벤토를 술안주로 먹기로 하고 교토역 구내의 식품 매장에서 교토의 양조장에서 만든 청주를 한 병 구입했다.

호텔 방에 들어와 테이블 위에 시모가모 사료의 벤토와 술을 펼쳐놓으니 일단 눈이 즐거웠다. 모든 음식이 재료와 조리 방식에서 색감, 식감, 계절감을 고려해 만든 것이 느껴져 손을 대기가 아깝기도 했다. 음식을 먹으면서 이 벤토에 담긴 교토의 음식 미학을 좀 더 자세히 알고 싶어 각 칸에 담겨 있는 음식을 옮겨 적어보았다.

시모가모 사료 벤토의 반찬은 채소·두부 튀김飛龍頭煮, 두부 튀김 안가케揚げ豆腐美味あんかけ, 시노다마키鶏信田巻(닭, 채소, 생선, 두부, 고기를 갈아 만 마키), 고등어 소금구이鯖塩焼, 가마보코蒲鉾, 시금치 참깨무침ほうれん草胡麻和え, 가지 조림茄子煮, 레몬 풍미 고구마 조림甘藷レモン風味煮, 두터운 달걀말이厚焼玉子, 콩 조림煮しめ大豆, 죽순·매실 무침筍梅ドレッシング和え, 찹쌀떡을 넣은 유부주머니巾着餅, 표고버섯 조림椎茸煮, 튀긴 밀개떡 조림粟麸揚げ煮, 새우 조림海老煮, 청어 다시마말이にしん昆布巻, 말린 가리비·명란·성게 알 무침帆立ひもたらこ雲丹和え, 가리비 조림帆立煮, 토란 조림里芋煮, 꽃 모양 밀개떡 조림花麸煮, 강낭콩いんげん, 파ねぎ, 당근 조림人参煮으로, 도시락이라 국물 있는 요리가 없다는 걸 제외하면 매우 다채로운 식재료와 조리법을 사용한 걸 알 수 있었다.

나는 청주와 함께 하나씩 맛을 보았다. 봄과 여름의 계절감을 살린 음식들은 모두 맛났고, 무엇보다도 모든 음식이 짜지 않아 좋았다. 그리고 내 예상대로 열두 칸에 담긴 음식 모두 청주 안주로 최고였는데, 와인 안주로도 꽤 좋을 것 같다는 생각이 들었다. 그래서 나는 이 벤토에 '오쓰마미おつまみ 벤토(술안주 벤토)'라는 이름을 붙였다. 물론 밥이 좋으면 완전한 벤토가 되겠지만.

며칠 후 다시 다이마루 백화점을 찾아가 이번에는 밥과

함께 먹을 요량으로 2단 벤토인 '오우치 료테이 오야사이 교고바코(봄·여름)おうち料亭 おやさい京小箱, 春夏'(우리 식당에서 만든 교토풍 채소 도시락, 1,458엔)을 샀다.

이 도시락은 죽순·매실 샐러드筍梅サラダ, 달걀말이出し巻玉子, 유채꽃·죽순 참깨무침菜の花と筍のごま和え, 붉은강낭콩花豆, 튀긴 채소·두부 조림飛龍頭煮, 당근 조림人参煮, 튀긴 밀개떡 조림粟麩揚げ煮, 강낭콩さんど豆, 꽃 모양 밀개떡 조림花麩煮, 언두부高野豆腐(두부를 잘게 썰어 얼려서 말린 것), 레몬 풍미 고구마 조림甘藷レモン風味煮, 표고버섯 조림椎茸煮, 곤약 조림こんにゃく煮, 멸치밥ちりめんご飯, 시바즈케柴漬け(가지 절임)로 채워져 있었는데, 채소 중심으로 반찬이 구성되어 있어 먹는 내내 '이건 교토 벤토가 맞네.'라는 생각이 들었다.

★★★★

교토부 교토시 시모교구 시조도리 다치우리니시마치 79 다이마루백화점 지하 1층

☎ 075-211-8738

영업시간 10:00~22:00 (연중무휴)

¥972
¥3,456
季節限定
¥2,700
¥3,240
¥2,160
¥2,268
¥1,620
¥1,188
¥1,620

일본을 대표하는 일품요리,
돈부리

일본 사람들이 매우 즐겨 먹는 일본식 덮밥 '돈부리丼'는 역사가 오래되었으려니와 그 종류도 무척 다양하다. 원래 돈부리는 일본어로 '큰 그릇'을 뜻하기도 하지만 오늘날에는 '덮밥'의 의미로 더 많이 사용된다. 일반적으로 돈부리どんぶり는 보통 줄여서 '동どん'[i]이라고 부르며, 돈부리의 종류와 이름은 밥을 덮는 음식에 따라 정해진다. 예를 들어 장어 구이를 올린 덮밥은 '우나기 돈부리うなぎどんぶり'인데, 줄여서 '우나동うなどん'이라고 부른다.

i 일본어 ん는 뒤에 오는 자음에 따라 ㄴ, ㅁ, ㅇ으로 발음된다. 여기서는 외래어표기법보다는 실제 발음을 따라 'どん'을 '동'으로 표기했다.

돈부리의 종류는 많지만, 이 가운데 우나동鰻丼/うな丼(장어 덮밥), 덴동天丼(튀김 덮밥), 규동牛丼(쇠고기 덮밥), 오야코동親子丼(닭고기·달걀 덮밥), 가쓰동カツ丼(돈가스 덮밥)을 일본 5대 돈부리로 꼽을 수 있다. 그리고 가이센동海鮮丼(해산물 덮밥) 또한 일본의 대표적인 돈부리 중 하나다.

돈부리의 선두주자, 우나동

일본 역사에서 가장 먼저 등장한 돈부리는 우나동이다. 일본 사람들은 무로마치 시대인 1399년부터 장어를 가바야키蒲焼[ii]의 형태로 먹었는데, 장어를 꼬챙이에 길게 꿰어 구웠을 때의 모양과 색깔이 여러해살이풀인 부들(가바蒲)을 닮아 '가바야키'라고 불렀다고 한다.

이후 에도 시대에 에도 만의 간척 사업이 이루어지면서 만들어진 습지에 장어가 많이 서식하게 되었으며, 이 장어로 만든 가바야키는 야타이屋台(포장마차)에서 팔 정도로 큰 인기를 끌었다. 18세기 이후에는 간장과 술을 졸여 만든 다레タレ

ii 생선의 배를 갈라 뼈를 제거하고 직사각형으로 자르고 꼬챙이에 꿰어 양념을 발라 구운 요리.

(양념장/소스)를 장어에 발라 굽기 시작했는데, 가바야키의 이와 같은 조리 방식은 오늘날까지 변하지 않고 그대로 이어져 내려오고 있다.

이렇게 조리한 장어를 밥 위에 올린 우나동은 에도 시대 말기인 분카文化 시대(1804~1818)에 나타났다고 본다. 당시 사카이초境町(현재의 도쿄 니혼바시닌교초日本橋人形町)에 있던 에도 시대의 대표적인 가부키 극장인 나카무라자中村座의 후원자였던 오쿠보 이마스케大久保今助라는 사람이 장어 덮밥을 고안했으며, 사카이초 근처의 후키야초葺屋町에 있는 식당 오노야大野屋에서 '원조 우나기메시元祖鰻めし'라는 이름으로 팔기 시작했다고 전해진다. 이후 우나동은 에도 시대의 또 다른 대표적인 가부키 극장이었던 이치무라자市村座 거리에서도 대인기를 끌었다.

초기의 장어 덮밥은 장어가 식지 않도록 구운 장어를 밥과 밥 사이에 넣는 것이 일반적이었다고 한다. 메이지 시대에 들어 이 장어 덮밥을 '우나기 돈부리'라고 부르다가 시간이 흐르면서 '우나동'으로 줄여 부르게 되었다. 또한 이 시기 일본에서 일회용 나무젓가락(와리바시割り箸)이 등장하면서 음식을 보다 편하고 위생적으로 먹을 수 있게 되었다.

장어 요리 전문점에 가면 우나동과 함께 우나주うな重가 메뉴에 있는 게 보통인데, 그 차이는 무엇일까? 우나동은 '돈

부리'(둥근 사발)에 담긴 장어 덮밥이며, 우나주는 '주바코重箱'라고 불리는 네모난 칠기 찬합에 들어 있는 장어 덮밥을 말한다. 우나동과 우나주에 담긴 장어 구이의 양도 다른데, 일반적으로 우나주를 담는 네모난 찬합이 우나동을 담는 둥근 사발보다 크기 때문에 우나주에 장어 구이가 더 많이 담기고 가격도 더 비싸다. 또한 역사적으로 보자면, 우나동은 에도 시대 말기에 등장했고, 우나주는 조금 더 시간이 지난 메이지 시대에 나타났다.

우나동에 대해 알아두면 좋은 것이 하나 더 있다. 장어 구이 조리법이 간토關東와 간사이關西[i]가 서로 다르다는 것이다. 장어를 손질할 때 간토에서는 장어의 등 쪽을, 간사이에서는 배 쪽을 갈라 뼈와 내장을 제거하는 것이 일반적이며, 간토에서는 장어를 굽기 전에 한 번 찌기 때문에 보다 부드럽고, 간사이에서는 장어를 찌지 않고 굽기 때문에 껍질이 바삭하고 기름진 것이 특징이다.

i 관문의 동쪽이라는 의미의 '간토'는 혼슈 동쪽의 도쿄도, 이바라키현, 도치기현, 군마현, 사이타마현, 지바현, 가나가와현을 묶어 부르는 말이며, 관문의 서쪽이라는 의미의 '간사이'는 혼슈 서쪽의 교토부, 오사카부, 나라현, 미에현, 시가현, 와카야마현, 효고현을 묶어 부르는 말이다. 여기서 '관문'은 혼슈의 중앙이라 할 수 있는 기후현 후와노세키不破関를 가리키는데, 이 근처에서 일어난 세키가하라 전투를 기점으로 간토 지역이 역사의 중심으로 부상한 것이 이와 같은 지역 구분과 관련 있다.

옛 에도의 우나동을 맛보려면,
이즈에이 본점

원조 우나동의 맛을 즐기려면 에도 시대의 흔적이 남아 있는 도쿄의 시타마치下町[i]로 가보는 것이 좋다. 특히 우에노역에서 도보로 5분 거리에 있는 이즈에이伊豆榮 본점은 에도 시대 8대 쇼군인 도쿠가와 요시무네徳川吉宗의 집권기(1684~1751)에 자그마한 판잣집에서 장사를 시작해 지금까지 무려 300여 년의 역사를 이어오고 있는 우나동의 노포다. 현재 9대 오카미女将(여주인)가 이즈에이의 경영을 맡고 있으며, 분점 또한 여러 지역에 냈지만 본점은 옛날 그 자리에 그대로 남아 있다.

이즈에이 본점은 매우 큰 식당임에도 실내는 차분하고

i 일반적으로 서민들의 주거지를 말하는데, 에도 시대에는 에도성이나 다이묘들의 저택과 사원 등은 고지대인 '야마노테山の手'에 자리 잡은 반면 서민들의 주거지는 주로 강과 바다와 가까운 저지대인 '시타마치下町'에 있었기 때문에, 서민들의 주거지를 '시타마치'라고 불렀다. 현재 도쿄 주오구中央区의 니혼바시, 교바시, 지요다구千代田区의 간다, 다이토구台東区의 아사쿠사, 우에노, 스미다구墨田区의 혼조, 고토구江東区의 후카가와가 옛 '시타마치' 지역이다.

고급스러운 분위기였다. 이곳의 우나동 메뉴는 밥 위에 올리는 장어 구이(가바야키)의 양에 따라 마쓰松, 다케竹, 우메梅로 나뉘는데, 나는 중간 크기인 다케(4,730엔)와 아키타현의 술인 다카시미즈高清水를 돗쿠리德利(손잡이가 없고 주둥이가 잘록한 술병)로 주문했다.

먼저 나온 술을 홀짝거리며 옆 테이블을 슬쩍 보니 일본인 중년 남녀 커플이 우나동을 먹으며 "맛있네요!"라는 말을 연신 내뱉는다. 20분 정도 지나자 내 테이블에도 우나동이 놓였다. 큼지막한 장어 구이가 자리를 잡고 있는 커다란 도자기 그릇 옆으로는 스이모노吸い物(맑은 국)와 쓰케모노가 한쪽을 차지했다.

먼저 장어 구이 한 점을 집어 먹어보니 매우 부드럽고 고급스러운 맛이 났다. 특히 간장 다레의 맛이 강하지 않으면서도 장어 살에 잘 배어 있어 자연스럽게 "맛있네!"라는 말이 튀어나왔다. 청주와도 궁합이 아주 잘 맞았고, 식사로도 아주 훌륭했다. 무엇보다 장어의 양이 꽤 많아 만족스러웠다. 강추의 우나동 맛집.

★★★★★

도쿄도 다이토구 우에노 2초메 12-22 ☎ 03-3831-0954

영업시간 11:00~21:00 (연중무휴)

나고야의 명물 히쓰마부시 전문점,
아쓰타호라이켄

나고야에는 히쓰마부시ひつまぶし[i]라는 지역 명물 음식이 있다. 히쓰마부시도 일종의 우나동이라고 할 수 있으나 가바야키를 여러 조각으로 썰어 '오히쓰お櫃'라는 둥근 그릇(밥통)에 담아 내는 게 일반 우나동과 다르며, 먹는 방식도 독특하다.

히쓰마부시의 유래는 잘 알려져 있지 않지만 일반적으로에도 시대 말기에서 메이지 시대 초기에 나고야에서 처음 등장했다는 것이 정설로 받아들여진다. 당시에도 민물장어(뱀장어)는 비싼 식재료여서 음식을 준비하는 과정에서 잘린 장어 조각을 그냥 버리기가 아까워 밥 위에 올려 먹은 것이 히쓰마부시의 시작이라고 보고 있다.

나고야에는 히쓰마부시 전문점이 여럿 있어 히쓰마부시를 먹기는 그리 어렵지 않지만, 나는 1873년(메이지 6)에 창업

[i] 한자로는 櫃まぶし 또는 櫃塗し라고 표기한다.

한 노포 아쓰타호라이켄あつた蓬莱軒을 선택했다. 그런데 아쓰타호라이켄의 본점은 수요일과 목요일 휴일이고, 위치도 나고야역에서 조금 떨어진 곳이다. 그래서 마쓰자카야松坂屋 백화점 10층에 있는 아쓰타호라이켄 마쓰자카야점을 찾아갔다. 이곳은 일본식 정원과 연못을 갖춘 본점과 달리 그리 고급스러운 분위기는 아니나 매장이 넓고 가벼운 분위기라 혼자 히쓰마부시를 즐기기에는 좋았다.

카운터석에 자리를 잡고 앉아 주문하고 10분 정도 기다리자 히쓰마부시 한 상이 차려졌다. 커다란 나무 그릇(오히쓰)에 담긴 가바야키는 먹기 좋게 4등분으로 잘려 있었고, 그 옆에 빈 차완茶碗이 놓여 있는 것이 보통의 우나동과 달랐다. 테이블 위에는 히쓰마부시 먹는 방법을 자세히 설명한 안내문이 놓여 있었는데, "먼저, 가바야키의 네 조각 중 첫 번째는 차완에 밥과 함께 덜어 먹고, 두 번째는 차완에 가바야키와 밥을 담아 김, 다진 파, 와사비 등의 야쿠미藥味(양념)를 얹어서 먹고, 세 번째는 오차즈케 방식으로 먹고, 네 번째는 본인이 원하는 대로 먹으면 된다."라고 적혀 있다.

맛을 보니 부드러운 식감에 약간 짭짤한 맛이 나는 장어에는 골고루 숯불 향이 배어 있어 가바야키의 풍미를 제대로 느낄 수 있었고 밥의 상태도 괜찮은 편이었다. 하지만 가바야키 자체는 도쿄의 이즈에이 본점에서 먹은 것이 더 컸다. 그리

ひつまぶしのお召し上がり方
あつた蓬莱軒
始めにお櫃の中を十文字に四等分に分けて下さい。
The Steps to enjoying our famous Grilled Eel
The four steps to enjoying this delicios [Hitsu-mabushi] are as follows
一膳目
そのままうなぎの味をお楽しみ下さい。
Please eat 1/4 of this delicious grilled eel

二膳目
薬味（ねぎ・わさび・のり）を
掛けてお召し上がり下さい。
Please eat the second 1/4 by adding seasoning

三膳目
薬味を入れて、おだしを掛けて
お茶漬けをお召し上がり下さい。
Please eat the third 1/4 by adding seasoning
and bouillon
四膳目
三種類の中で一番気にいった
召し上がり方で締めて下さい。
Please enjoy the last 1/4 with your
favorite of the above steps

고 안내문의 네 가지 방식 가운데 내 입맛에는 가바야키만 밥과 함께 먹는 첫 번째 것이 가장 좋았다.

장어 덮밥을 오히쓰에 담아 먹는 방식은 아쓰타호라이켄의 2대 주인이 고안한 것이라고 한다. 그 연유를 알아보니, 당시 가게에서 장어 요리를 배달할 때 그릇이 깨지지 않도록 나무로 만든 그릇을 사용하고, 손님들이 밥과 가바야키를 편하게 먹을 수 있게 가바야키를 여러 조각으로 썰어 낸 것이 좋은 평판을 얻어 오늘날과 같은 방식으로 발전하게 되었다고 한다. '히쓰마부시'라는 이름 또한 아쓰타호라이켄의 등록상표다.

히쓰마부시에 대한 총평은 "비싸지만 맛있네!"다. 사실 4,600엔이라는 가격이 부담스럽지만 가바야키나 우나동은 일본 어딜 가나 비싼 음식이다. 그러니, 모처럼 나고야에 와서 히쓰마부시를 먹어보지 않고 떠난다면 조금 아쉬운 마음이 들 것 같다.

★★★★☆

아이치현 나고야시 나카구 사카에 3초메 30－8 마쓰자카야백화점 10층

☎ 052-264-3825

영업시간 11:00~14:30, 16:30~20:30 (일요일은 브레이크타임 없음, 화요일 휴무)

값싸고 맛있는 우나동 전문점,
우나토토 우에노점

우나동을 먹기 위해 세 번째로 찾은 집은 우나동 전문 체인점 우나토토宇奈とと 우에노점上野店. 이곳은 항상 사람들로 넘치는 아메요코アメ横[i]에서 매우 가까워, 혹시나 긴 줄이 늘어서 있을까 걱정이 돼 오후 4시경에 일찍이 찾아갔다. 그런데도 벌써 문 앞에 10명이 넘는 사람들이 줄을 서 있어 결국 45분을 기다려야 했다.

가게는 그리 크지 않아 2인용 테이블 두 개와 4인용 테이블 한 개, 그리고 5명 정도가 앉을 수 있는 카운터석이 전부다. 그렇지만 캐주얼하고 활기찬 분위기가 매우 마음에 들었고, 무엇보다도 좋았던 건 우나동의 가격이었다. 그 비싼 우나동

i 야마노테선山手線의 오카치마치역御徒町駅과 우에노역 사이에 길게 늘어선 번화가다. '아메요코'는 '아메야요코초飴屋横丁('사탕가게 거리'라는 뜻)'의 약자로, 옛날 이 거리에 사탕 가게가 많아 붙은 이름이라고 한다. 그리고 '아메'는 '미국'을 의미하기도 하는데, 그 이유는 제2차 세계대전 이후 이 거리에 암시장이 서 미국 상품을 쉽게 구할 수 있었기 때문이다.

이 590엔밖에 되지 않으니 말이다. 그래도 혹시나 우나동 '보통'을 시키면 가바야키의 양이 적을 것 같아 1,100엔짜리 '더블'을 주문했다. 밥은 오모리大盛り(곱빼기)를 선택해도 같은 가격이라고 하지만, 나는 '보통'으로 선택했다. 모처럼 가바야키를 '더블'로 했는데, 밥의 양이 많아지면 마찬가지일 테니 말이다. 대신 오신코를 한 접시 주문했다.

10분쯤 지나자 내 앞에 우나동이 놓였는데, 전체적으로 모양도 괜찮고 가바야키도 꽤 두꺼운 편이었다. 가바야키를 먼저 한 점 뜯어 먹어보니 다레의 맛이 약간 달았지만 그리 거슬리지는 않고 전체적으로 조화로운 맛이었다. 물론 도쿄 이즈에이 본점이나 나고야의 아쓰타호라이켄에서 먹은 가바야키와 비교하면 그다지 깊은 맛은 아니지만, 장어의 고소한 맛은 그대로 간직하고 있었다. 가성비를 생각하면 꽤 괜찮은 맛이다. 게다가 나처럼 혼자 밥을 먹는 사람들에게는 체인점의 격식 없는 분위기도 아주 편안했는데, 이곳은 우나동 외에도 야키토리焼き鳥 종류도 꽤 많으니 생맥주 한 잔과 함께 우나동이나 야키토리를 먹어도 좋을 듯하다.

우나동을 다 먹고 저녁 6시 30분쯤 나오자 문 밖에 27명의 사람들이 줄을 서 있었다. 가성비 갑의 우나동 전문점으로 추천.

★★★★

도쿄도 다이토구 우에노 6초메 11-15 ☎ 03-3831-9490

영업시간 11:00~22:30 (연중무휴)

서양과의 만남이 낳은 맛, 덴동

일본은 16세기부터 서구 문화와 접하기 시작했다. 당시 포르투갈과 네덜란드 상선이 기독교 선교사를 태우고 수시로 일본을 오가면서 서양의 여러 가지 문물뿐 아니라 이후 덴동의 주인공이 된 '덴푸라'(튀김)를 비롯하여 고추, 고구마, 대파, 카스텔라, 쿠키, 와인 등을 전해주었다.

원래 덴푸라는 기독교 교회에서 사계절마다 3일간 고기를 먹지 않고 기도를 드리는 기간을 뜻하는 '콰투오르 템포라 Quatuor Tempora'에서 유래한 말이다. 기독교인들은 이 기간 동안 고기 대신 채소나 생선을 튀겨 먹었는데, 이 튀김 요리가 일본에 들어오면서 tenpura라는 이름으로 불렸고 한자로 天麩羅로 표기되었다가, 후에 이보다 읽기 쉬운 天ぷら로 바뀌었다.

덴푸라는 에도 시대에 야타이 음식으로 인기가 높았으며, 본격적으로 식용유가 생산되기 시작한 18세기 후반부터 보다 대중적인 음식으로 자리 잡았다. 그리고 우나동이 나타나고 나서 약 70년 후에 덴푸라를 밥에 얹은 덴동天丼(天ぷら+丼의 줄임말)이 돈부리의 역사에 등장했다.

원조 덴동의 맛,
다이코쿠야

전통적인 덴동을 맛보기 위해 찾아간 곳은 도쿄 아사쿠사 센소지에서 가까운 다이코쿠야大黑家다. 센소지는 연간 약 3,000만 명이 찾는 도쿄도 내 최대의 사찰로, 센소지의 가미나리몬雷門을 나와 호조몬宝藏門으로 이어지는 250미터의 나카미세도리仲見世通り에는 일본 전통 과자를 비롯해 각종 공예품을 판매하는 약 90개의 점포가 늘어서 있어 늘 관광객들로 붐비는데, 이 거리에서 살짝 벗어나면 바로 1887년(메이지 20)에 창업한 다이코쿠야를 찾을 수 있다.

내가 이곳을 찾은 때는 조금 늦은 저녁 시간이었는데도, 다이코쿠야의 중년 여성 종업원은 "이랏샤이!" 하며 반겨주었다. 무엇보다 고풍스러운 느낌을 주면서도 아늑하고 친근한 식당 분위기가 퍽 마음에 들었다. 게다가 다이코쿠야의 덴동 메뉴는 달랑 세 가지밖에 없어 고르기가 쉽다. 첫 번째는 새우 튀김えび天 1개, 보리멸 튀김きす天 1개, 가키아게かき揚げ(가늘게 썬 채소와 자그마한 새우 등을 섞어 함께 튀긴 것) 1개가 올라

仲見世
仲見世
仲見世
ミノリヤ

平尾商店
江戸民芸品
観光土産品
ヒラノヤ
ハトのマークの
元祖
木村
金太郎飴

간 덴동이고(2,000엔), 다른 하나는 새우 튀김 2개, 가키아게 1개로 구성된 것이고(2,200엔), 세 번째는 새우 튀김만 4개가 올라간 에비텐동이다(2,400엔). 나는 새우 튀김 2개, 가키아게 1개가 들어간 덴동을 주문했다.

잠시 후 커다란 자기 그릇에 덴동이 담겨 나왔다. 이즈에이 본점의 우나동과 비슷하게 튀김이 식지 않도록 뚜껑을 덮어놓았는데, 새우 꼬리가 살짝 밖으로 튀어나와 있었다. 이 모습인즉 새우가 매우 크다는 것인데, 뚜껑을 열어보니 실제로 새우 튀김이 상당히 컸고, 모든 튀김이 짙은 갈색이 날 만큼 바짝 튀겨져 있었다. 먼저 새우 튀김을 한 입 크게 베어 물었더니 촉촉한 식감에 새우 향이 스멀스멀 올라오는 게 꽤 매력적이었다. 가키아게도 새우 튀김 못지않게 컸는데, 작은 새우들이 아주 많이 들어 있어 고소하면서 씹는 맛이 일품이었고 촉촉한 고추 튀김도 색다른 맛이었다. 특히 꼬들꼬들 잘 지은 밥과 함께 맛있게 먹을 수 있게 간이 잘되어 있으면서도 짜지 않은 것이 아주 마음에 들었다.

그런데 아마도 바삭한 튀김에 익숙한 사람들은 다이코쿠야의 덴동을 먹으면서 조금 당황할 것 같다. 보통의 튀김과 달리, 다이코쿠야의 튀김옷은 바삭하지 않고 폭신폭신하기 때문이다. 게다가 이 튀김옷이 꽤 두꺼운 편인데, 그래서 더욱 부드러운 풍미와 식감을 낸다. 또한 참기름만으로 튀겨서 그

런지 오버쿡된 듯한 색이 나는데도 기름기는 거의 느껴지지 않고 고소했다.

나는 다이코쿠야 덴푸라의 이 보들보들하고 은은한 맛과 고급스러운 풍미가 아주 좋았다. 앞 테이블에 앉아 있는 외국인들도 튀김 맛이 좋았는지 계속 "delicious!"라고 하고, 옆 테이블의 젊은 일본인 커플도 "오이시이!"를 연발하는 걸 보니 내 입맛과 그리 다르지 않은 것 같았다.

에도 시타마치의 분위기를 느끼면서 옛 덴동의 맛을 즐기기 좋은 집으로 강추.

★★★★★

도쿄도 다이토구 아사쿠사 1초메 38-10 ☎ 03-3844-1111

영업시간 11:00~20:00 (연중무휴)

프랜차이즈 텐동 전문점,

텐야 야에스점

도쿄역에서 바로 연결되는 야에치카Yaechika 쇼핑몰에는 180여 개의 가게와 60여 개의 레스토랑이 입점해 있는데, 내가 이곳을 찾은 이유는 지하 1층에 텐동 전문 프랜차이즈인 텐야てんや의 원조 식당이 있기 때문이다.

'원조'라고 자랑스럽게 써놓은 식당은 프랜차이즈 레스토랑답게 분위기가 깔끔하고 경쾌했다. 메뉴를 들여다보니 텐야의 간판 메뉴인 올스타텐동オールスター天丼을 비롯해 갖가지 종류의 텐동과 텐푸라, 텐푸라 데이쇼쿠, 그리고 텐푸라 소바/우동 데이쇼쿠까지 음식 종류가 매우 많았지만, 나는 이곳의 플래그십 텐동이라고 할 수 있는 오리지널 올스타텐동을 주문했다.

'올스타'라는 이름답게 밥 위에는 커다란 새우 튀김, 버섯 튀김, 어묵 튀김, 가리비 튀김, 연근 튀김 등이 올라가 있다. 먼저 새우 튀김을 맛보고 나서 다른 튀김들도 하나씩 먹어보았는데, 모두 고소한 맛이 매력적이었지만 이곳의 튀김들도 바삭한 튀김옷을 자랑하지는 않았다. 특히 커다란 버섯 튀김은 즙이 흘러나올 정도로 폭신해 먹기 좋았고, 가리비 튀김 또한 색다른 맛이었다. 게다가 밥 상태가 좋은 편이었고, 미역이 들어간 미소시루도 텐동을 즐기기에 부족하지 않았다.

이곳은 프랜차이즈 레스토랑인 만큼 다이코쿠야 같은 전통적인 텐동집과 비교하기에는 무리가 있다. 하지만 720엔이라는 가격을 생각한다면 가볍게 일본 텐동을 경험하기에 좋다. 또한 소바집이나 우동집처럼 소바나 우동에 텐푸라를 함께 내는 세트 메뉴도 있지만, 텐동+소바 세트, 텐동+우동 세트도 마련되어 있어 먹성이 좋은 손님도 충분히 만족할 수 있을 것 같다.

★★★

도쿄도 주오구 야에스 2초메 1-미나미 1호 지하상가 야에치카 쇼핑몰 ☎ 03-3275-2706
영업시간 10:00~22:00 (연중무휴)

春
富山の白
南高梅

일본의 국민 음식이 된 규동

쇠고기 덮밥인 규동牛丼은 메이지 시대에 나타난 음식으로, 그 유래는 메이지유신明治維新과 관계가 깊다. 그 역사를 잠깐 들여다보자. 일본은 675년 덴무天武 천황이 '살생과 육식을 금지하는 칙서'를 발표한 이래 약 1,200년간 육식에서 멀어져 있었다. 그런데 1867년 약관 열여섯의 나이로 즉위한 메이지 천황은 왕정복고와 함께 쇄국에서 개국으로 정책을 전환하고 서양 여러 나라의 문물을 받아들이면서 잇달아 근대화 계획을 세웠다. 그중 하나가 서구인과의 체격 차이에서 오는 열등감을 극복하기 위해 1872년(메이지 5)에 단행한 '육식 해금'이었다. 1,200년의 전통을 깨는 이 과감한 조치는 메이지 천황이 단행한 근대화 계획의 상징으로 떠올랐고, 이 때문에 《돈가스의 탄생とんかつの誕生》을 쓴 오카다 데쓰岡田哲는 메이지유신을 '요리유신料理維新'이라고 불렀다.

하지만 육식을 해금했다고 해서 일본인들이 바로 고기를 먹기 시작한 것은 아니었다. 오랜 역사가 각인한 심리적 거부감과 종교적 이유도 컸지만, 할 줄 아는 고기 요리가 거의 없었기 때문이다. 그래서 처음에는 전통적인 일본 요리인 전골에 재료만 쇠고기를 쓴 규나베牛鍋를 만들어 먹었는데, 1889년(메이지 22)에는 도쿄에 무려 558개의 규나베야牛鍋屋(쇠고기 전

골을 파는 가게)가 생겼을 정도로 규나베 열풍이 일었다. 이들 규나베야에서는 밥 위에 규나베를 얹어 내기도 했는데, 19세기 후반에는 규나베집들뿐 아니라 야타이에서도 밥 위에 규나베를 얹어 판매하기 시작했으며, 이를 '규메시牛めし'(쇠고기밥)라고 불렀다.

그 후 규동의 역사에서 한 획을 그은 사람이 있었는데, 그가 바로 일본을 대표하는 규동 전문 프랜차이즈 요시노야吉野家의 설립자 마쓰다 에이키치松田栄吉다. 오사카 근처 요시노초吉野町 출신인 마쓰다 에이키치는 1899년(메이지 32)에 도쿄 니혼바시 어시장에서 작은 가판대를 열고 '규나베 붓카케牛鍋ぶっかけ'((밥에) 규나베를 얹은 음식이라는 뜻)를 판매하면서 '규동'이라는 이름을 붙였다. 규동은 요시노야가 도쿄 밖으로 매장을 확장하기 시작한 20세기 중반까지는 도쿄의 특산품이었다.

이후 일본 전역에 요시노야뿐 아니라 스키야すき家, 마쓰야松屋 등 규동 전문 프랜차이즈가 늘어나면서 규동은 가볍게 한 끼를 해결할 수 있는 패스트푸드 형태의 돈부리이자 일본을 대표하는 국민 음식으로 자리 잡았다.

도쿄 쓰키지 시장의 명물 규동집,
기쓰네야

도쿄의 쓰키지 시장築地市場은 몇 년 전까지만 해도 도쿄를 대표하는 수산물 도매시장이었으나 지금은 그 기능을 새로 문을 연 도요스 시장豊洲市場에 넘겨주었다. 하지만 아직도 쓰키지 장외시장場外市場은 해산물 판매뿐 아니라 스시나 가이센동海鮮丼(해산물 덮밥), 조개 구이, 커피 등 다양한 음식을 파는 음식점이 즐비해 많은 관광객들이 찾는 명소의 위치를 굳건히 유지하고 있다.

쓰키지 시장을 찾아가기는 어렵지 않다. 도쿄 지하철 도에이선都営線이나 히비야선日比谷線을 타고 쓰키지역에 내려 잠시 걸어가면 커다란 사거리 앞에 '장외시장'이라는 간판이 보이고, 그 길을 죽 따라가면 오래된 스시집뿐만 아니라 간단하게 요기를 할 수 있는 가게들이 모여 있다.

오랜만에 쓰키지 장외시장을 찾은 것은 규동을 먹기 위해서였다. 그런데 장외시장 초입을 지나자 한쪽으로 긴 줄이 늘어서 있었다. '설마 이 많은 사람들이 규동을 먹으러 온 건

牛丼
・清不要共享食物

もんぜき通り

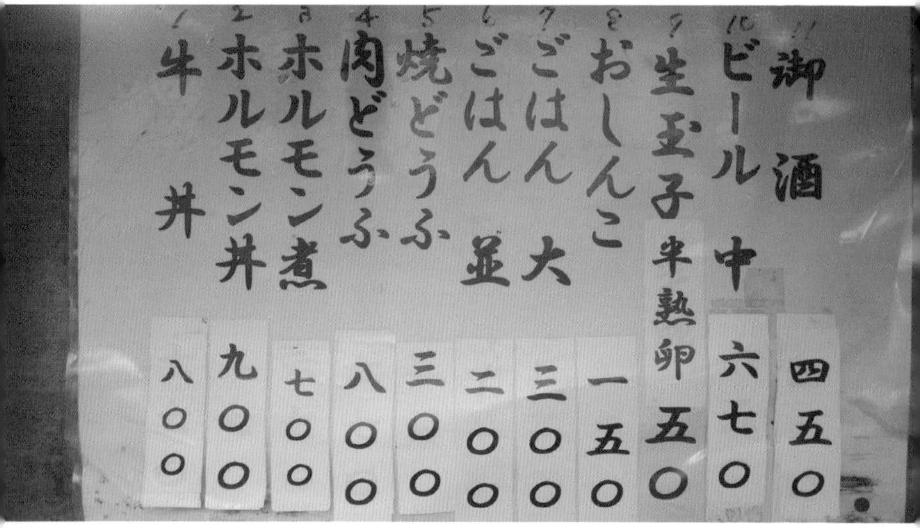

御酒 四五〇
ビール中 六七〇
生玉子 半熟卵 五〇
おしんこ 一五〇
ごはん大 三〇〇
ごはん並 二〇〇
焼どうふ 三〇〇
肉どうふ 八〇〇
ホルモン煮 七〇〇
ホルモン丼 九〇〇
牛丼 八〇〇

아니겠지?' 걱정하며 확인해보니 내 예감이 맞았는데, 바로 이 집이 쓰키지 시장의 명물 규동집인 기쓰네야きつねや다. 이곳은 규동과 호르몬ホルモン[i] 요리를 파는 아주 작은 가게로, 기껏해야 서너 평밖에 되지 않을 것 같은 좁은 가게에다 일하는 사람도 남자 직원 2명과 여자 직원 1명이 전부다.

이곳은 예전에도 매우 인기가 많은 가게였지만 이렇게 긴 줄이 늘어설 정도는 아니었는데, 아마도 몇 년 사이 SNS를 통해 많은 사람들에게 알려진 것 같다. 어쨌든 다시 줄 맨 끝으로 돌아가면서 사람들의 수를 세어보니 오전 11시 14분 현재 정확히 97명이 줄을 서 있었다. 그렇다면 한두 시간은 족히 기다려야 할 것 같았지만, 그래도 옛 생각을 떠올리면서 규동 한 그릇을 먹고 싶어 느긋하게 기다리기로 했다. 그리고 딱 70분이 지나자 드디어 내 차례가 되었다.

가게 안에 놓인 커다란 솥에서는 고기가 끓고 있고, 아주머니는 계속 들어오는 주문을 받느라 정신이 없었다. 그래도 이곳은 메뉴가 단출해 회전이 빠른 편이지만, 가게 안에 테이블이 있는 게 아니기 때문에 길가 한쪽에 마련된 허름한 간이 식탁 앞에 서서 음식을 먹어야 한다.

나는 규동과 이곳의 또 다른 명물 음식인 호르몬니ホルモ

i 일본에서 소, 돼지, 닭 등의 내장을 가리키는 말로 '모쓰モツ'라고도 부른다.

ン煮(쇠고기 내장 조림)를 받아 들고 사람들 사이를 비집고 나가 길가 한 모퉁이에 자리를 잡았다. 많은 사람들이 쓰키지 시장의 명물 요리를 만난 기분에 모두 들떠 있는 듯했고, 나 또한 오랜만에 쓰키지 시장에 온지라 잠시 흥분이 되었다.

마음을 가라앉히고 먼저 규동을 먹어보니 쇠고기는 부드러우면서 약간 달달한 간장 맛이 배어 있어 밥과 함께 먹기 편했고, 소 곱창과 간을 조린 호르몬니는 옛날을 생각나게 하는 진한 맛이었다. 그런데 내 기억으로는 호르몬니를 예전에는 '모쓰니'(니煮는 '조림'을 뜻한다)라고 불렀던 것 같은데, 지금은 '호르몬'이라는 이름이 더 사람들에게 익숙한지 'ホルモン煮'라는 이름으로 메뉴에 올라가 있다.

오랜만에 많은 사람들 사이에 끼여 규동과 호르몬니를 번갈아 먹다보니 오래전 길가에 서서 따뜻한 청주 한 잔을 곁들이며 모쓰니를 먹던 때가 떠올랐다.

★★★★

도쿄도 주오구 쓰키지 4초메 9-12 ☎ 03-3545-3902

영업시간 6:30~13:30 (일요일, 수요일 휴무)

간편한 한 끼 식사,

요시노야의 규동

원래 규동은 얇게 썬 쇠고기와 여러 채소를 냄비에 넣고 끓인 음식이었지만, 요시노야를 비롯한 규동 전문 프랜차이즈에서는 달달한 간장 육수에 쇠고기와 양파를 넣고 끓여 만든다. 그리고 규동 전문점에 가면 테이블 위에 가리ガリ(생강 절임)와 시치미七味[i], 또는 이치미一味가 올라가 있으며, 때로는 개인의 기호에 따라 규동에 날달걀을 올려 먹기도 한다. 요시노야의 규동은 그리 주머니 사정이 넉넉하지 않았던 학생 시절 즐겨 먹던 추억의 음식이다. 프랜차이즈 음식이니만큼 맛으로 승부를 보는 것은 아니지만, 많은 학생들과 직장인들이 가볍게 한 끼를 채우기에는 여전히 요시노야 규동만큼 좋은 음식이 없는 것 같다.

i 시치미는 '시치미 도가라시七味唐辛子'라고 부르기도 한다. 일본어로 '도가라시'는 고추를 말하며, '일곱 가지 맛'이라는 뜻의 '시치미'는 고춧가루를 비롯해 검은깨, 참깨, 겨자씨, 산초, 진피(말린 귤껍질), 양귀비 씨 등을 섞어 만든 일종의 혼합 양념가루다. '이치미'는 고춧가루를 말하며, 때로 '이치미 도가라시一味唐辛子'라고 부른다.

오랜만에 도쿄 지하철 오쓰카역大塚駅 앞에 있는 요시노야를 찾아갔더니, 규동 종류는 예전처럼 많지만 태블릿으로 쉽게 음식을 주문할 수 있어 더 편리해졌다. 나는 옛 추억을 되살릴 겸 요시노야의 오리지널 규동이라고 할 수 있는 규동 보통[i]과 미소시루와 함께 나오는 오신코 세트를 주문했다. 합계 가격은 804엔. 역시 싸다.

음식은 단 1분 만에 나왔는데, 쟁반에 놓인 규동을 보자 "아, 옛날 생각나네!"라는 말이 절로 튀어나왔다. 흰 쌀밥 위에 올려진 달달한 스키야키풍 쇠고기 조림은 기름 부위가 적당히 섞여 있어 고소했고, 전체적으로 내가 예전에 먹었던 규동을 생각나게 하는 맛이다. 하지만 밥의 양에 비해 고기 양은 그리 많지 않았다. 나는 옛 생각을 떠올리며 규동 '보통'을 먹었지만 200엔을 더해 규스키동牛すき丼 같은 다른 종류의 쇠고기 덮밥을 먹어도 좋을 듯하다.

i '보통'은 일본어로 나미並라고 하며, '곱빼기'는 오모리大盛り라고 한다.

★★★

도쿄도 도시마구 미나미오쓰카 2초메 46-3 ☎ 03-5940-7780

영업시간 24시간 영업 (연중무휴)

몸도 마음도 따뜻해지는 오야코동

'오야코동親子丼'이라는 이름이 참 재미있다. 일본어로 오야親는 부모, 코子는 자식이라는 뜻이니, 오야코동을 직역하면 '부모-자식 덮밥', 그러니까 '부모와 자식이 함께 들어 있는 덮밥'이 된다. 오야코동에서 부모는 닭, 자식은 달걀을 뜻하여 '닭고기와 달걀이 함께 들어 있는 덮밥'을 말한다. 그래서인지 오야코동에서는 특유의 따뜻함이 느껴진다.

오야코동은 규동에 이어 메이지 시대에 등장한 고기 요리로, 규동이 규나베에서 나온 것처럼 오야코동은 도리나베鶏鍋(닭고기 전골)에서 비롯된 음식이다. 한편 오야코동의 이름을 확인할 수 있는 가장 오래된 사료는 1884년(메이지 17) 9월 6일자 《오사카아사히신문》에 실린 고베神戸의 한 음식점 광고다. 1895년에 출간된 요리책에도 오야코동의 조리법이 실려 있으며, 1900년대에 들어오면서 보다 대중적인 음식이 되었다. 당시에는 도쿄 료코쿠両国에 있는 불교 사원 에코우인回向院에서 스모 경기가 열리곤 했는데(이 때문에 일본 스모를 상징하는 국기관도 료코쿠에 세워졌다), 그때 많은 사람들이 오야코동을 배달시켜 먹을 정도로 매우 인기가 있었다.

100년 전통 닭고기 전문점의 오야코동,
도리토

오야코동을 먹으러 다시 쓰키지 시장을 찾았다. 쓰키지 시장에 오야코동집이 있다는 걸 아는 사람들은 그리 많지 않은 것 같지만, 쓰키지 시장 골목 안에 있는 도리토 쓰키지점은 1907년(메이지 40)에 창업한 닭고기 전문점 도리토鳥藤의 직영 1호점이다. 쓰키지 장외시장의 수산물 가게에서 일하는 사람들이 즐겨 찾아 식당 앞은 항상 손님으로 붐빈다.

오전 10시경에 도리토에 도착했는데도 밖에서 5분 정도 줄을 서야 했다. 그도 그럴 것이, 이곳은 오전 7시 30분에 문을 열어 오후 1시 20분이면 문을 닫는다. 자그마하고 소박한 분위기의 밥집으로, 시로오야코동白親子丼, 오야코동 카레, 오야코동 모쓰이리(닭 내장이 들어간 오야코동) 등 다양한 오야코동 메뉴가 있지만, 나는 이곳의 오리지널 오야코동을 맛보고 싶어 1,100엔짜리 일반 오야코동과 오신코를 주문했다.

카운터석에 앉은 덕분에 젊은 직원이 오야코동 만드는 과정을 제대로 볼 수 있었는데, 먼저 간장 국물을 넣은 자그마한 둥근 프라이팬에 닭고기 조각들을 넣고 한동안 자글자글 끓이며 조려낸 다음, 달걀 두 개를 따로 살짝 풀어두었다가 닭고기 위에 붓고는 함께 밥 위에 얹어 바로 손님상으로 내놓는다. 도리토에서는 주로 50일이 된 닭을 사용한다는데, 그 정도 큰 닭의 맛과 식감이 오야코동에 잘 맞기 때문이라고 한다.

이제 맛볼 차례다. 둥그런 그릇에 담긴 오야코동에서 먼저 닭고기 한 점을 집어 먹었더니 닭고기는 보들보들했고 닭고기 위에 올려진 달걀도 폭신하니 먹기 편했다. 10분 만에 오야코동 한 그릇을 뚝딱 비웠는데, 배도 부르려니와 무엇보다 몸이 따뜻해지는 느낌이 들었다. 왜 오야코동이 오랫동안 사람들의 사랑을 받았는지 알 것 같았다.

꽤 만족스러운 아침 식사였다. 다시 쓰키지 장외시장에 온다면 규동을 먹을지, 오야코동을 먹을지 고민이 될 것 같다. 많은 사람들이 옛 수산시장을 돌아보면서 스시나 가이센동을 먹을 것 같지만 말이다.

★★★★

도쿄도 주오구 쓰키지 4초메 8-6 ☎ 03-3543-6525

영업시간 7:30~13:20 (수요일, 일요일 휴무)

鳥めし
鳥
世界屋

해산물 돈부리, 가이센동

일본은 3만 킬로미터에 달하는 긴 해안선을 가지고 있고, 전 국토가 바다로 둘러싸여 있어 어디를 가나 신선한 해산물을 만날 수 있다. 게다가 오랫동안 육식을 하지 못했기에 생선이나 해산물 요리가 매우 발달했다. 밥 위에 해산물을 얹어 만든 해산물 덮밥인 가이센동海鮮丼도 그런 요리 가운데 하나다.

보통 가이센동에는 참치, 도미, 방어 등 다양한 생선회와 새우, 가리비, 성게 알, 게, 절인 연어 알 같은 다채로운 해산물을 생으로 밥 위에 올린다. 가이센동은 보통 여러 종류의 해산물이 함께 담겨 나오지만 때로 한 가지 해산물로만 만들기도 한다. 이때는 그 해산물의 이름을 따라 우니동うに丼, 이쿠라동いくら丼, 가니동かに丼, 마구로쓰케동まぐろづけ丼(간장 양념한 참치회 덮밥)[i]이라고 부른다.

i 밥 위에 올린 참치회의 색깔이 '빨갛게 달구어진 철'처럼 붉다고 해서 '뎃카동(鉄火丼)'이라 부르기도 한다.

가이센동과 스시를 주문할 때 필요한 일본어

※ 외래어표기법보다는 실제 발음에 가깝게 표기함.

참치	마구로	まぐろ	鮪
도미	타이	たい	鯛
방어	부리	ぶり	鰤
연어	사케	さけ	鮭
광어	히라메	ひらめ	鮃/比目魚
광어 지느러미	엔가와	えんがわ	
새끼방어	하마치	はまち	魬
고등어	사바	さば	鯖
꽁치	산마	さんま	秋刀魚
전어(중치)	코하다	こはだ	小鰭
전갱이	아지	あじ	鯵
삼치	사와라	さわら	鰆
가다랑어	카츠오	かつお	鰹
가자미	카레이	かれい	鰈
장어	우나기	うなぎ	鰻
붕장어	아나고	アナゴ	穴子
연어 알	이쿠라	いくら	
날치 알	토비코	とびこ	
청어 알	카즈노코	かずのこ	数の子
새우	에비	えび	海老
단새우	아마에비	あまえび	甘海老
게	카니	かに	蟹
가리비	호타테	ほたて	帆立
피조개	아카가이	アカガイ	赤貝
왕우럭조개	미루카이	みるかい	海松貝
함박조개	홋키가이	ほっきがい	北寄貝
골뱅이	쓰부가이	つぶがい	螺貝
소라	사자에	さざえ	栄螺/拳螺
전복	아와비	あわび	鮑
성게 알	우니	うに	雲丹
오징어	이카	イカ	烏賊
오징어 젓갈	시오카라	しおから	塩辛
문어	타코	たこ	蛸

삿포로 수산시장의 가이센동 전문점, **돈부리 차야**

일본 어디에서나 가이센동을 먹을 수 있지만, 그래도 가이센동 하면 바로 떠오르는 곳은 '해산물의 천국'이라고 불리는 홋카이도北海道다. 그래서 첫 번째 가이센동은 홋카이도 삿포로에서 먹기로 하고 삿포로를 대표하는 수산물 시장인 니조 시장二条市場을 찾아갔다. 꽤 이른 아침 시간인데도 가이센동 전문점인 '돈부리 차야どんぶり茶屋' 앞에는 열 명 남짓한 사람이 줄을 서 있었는데, 이야기 나누는 것을 들어보니 현지 사람들은 아니고 모두 여행객이었다.

줄을 서 있는 동안 유리 진열장에 장식해놓은 가이센동 모형을 보니 얼핏 보아도 수십 가지인 것 같다. 30분이 지나 가게로 들어가자 배의 선실을 본떠 만든 식당 안은 사람들로 가득했다. 나는 많은 가이센동 가운데 다섯 가지 해산물이 들어 있는 기타노고쇼쿠동北の五色丼(북쪽의 오색 돈부리)과 홋카이도의 전통주인 기타노카쓰北の勝를 아쓰칸熱燗(50도 정도로 따뜻하게 데워서 마시는 술)으로 주문했다.

잠시 후 참치, 방어, 연어, 연어 알, 성게 알이 담긴 가이센동과 미소시루가 나와 청주와 함께 해산물을 한 점씩 먹다 보니 몸도 따뜻해지고 배도 채워지는 느낌이 들었다. 하지만 2,980엔이라는 가격에 비해 해산물의 양이 그리 많지 않아 밥은 조금 남겼다. 사실 가이센동은 어딜 가나 비싼 음식이라는 것을 알고 있지만 이곳은 외지 사람들이 많이 찾아오는 가게라서인지 해산물 인심이 조금 야박한 것 같다.

★★★

홋카이도 삿포로시 주오구 미나미3 조히가시 1초메 7 니조 시장 ☎ 011-200-2223
영업시간 7:30~17:00 (연중무휴)

하코다테의 가이센동 전문점, **기쿠요쇼쿠도**

삿포로에서 기차를 타고 남쪽으로 네 시간 남짓 달리면 하코다테에 도착한다. 하코다테에 올 때마다 '해산물 먹기 참 좋은 곳이네.'라고 생각했는데, 그건 하코다테가 홋카이도를 대표하는 항구도시이기도 하지만 하코다테역 바로 앞에 '하코다테 아사이치函館朝市'(하코다테 아침시장)가 있기 때문이다. 하코다테 아침시장은 원래 태평양전쟁이 끝난 후 암시장으로 시작한 곳인데, 지금은 해산물을 비롯해 건어물과 농산물을 취급하는 가게가 약 250개 들어서 있는 커다란 시장이 되었다. 해산물 요리와 가이센동을 먹으러 오는 외국인 관광객들로 항상 붐비는 관광지이기도 하다.

하코다테 아침시장은 오전 5시에 개장하지만 나는 그보다 훨씬 늦은 오전 9시에 시장을 찾았다. 코로나19의 여파에다 겨울철이라 그런지 예전에 비해 관광객으로 북적거리는 느낌은 덜했다. 하코다테 아침시장 안에는 '돈부리 요코초 이치바どんぶり横丁市場'(돈부리 거리 시장)라는 건물이 있는데, 가이센동을 내는 가게가 모여 있어 보통 때라면 관광객으로 북적이는 곳임에도 이날엔 사람들이 그리 많지 않았다. 그렇지만 나는 일반 관광객을 피해 건물 밖 시장 거리에 있는 기쿠요쇼쿠도きくよ食堂 본점을 찾아갔다. 이곳은 1956년에 창업한 해산물 요리 전문점이자 성게 알, 연어 알, 가리비를 올린 일명 '하코다테 삼색 가이센동'인 도모에동巴丼의 원조 가게로 잘 알려진 곳이다.

왼쪽으로 주방이 보이고 좀 더 안쪽으로 테이블 여러 개가 놓여 있는 식당은 어촌식당처럼 소박했다. 게다가 사람들로 북적거리지 않아 편한 마음으로 가이센동 한 그릇 먹을 수 있을 것 같았다. 그런데 이곳에는 가리비나 성게 알, 연어 알 같은 해산물을 올린 가이센동 전문점인지라 생선회를 올린 가이센동을 먹으려면 돈부리 요코초 이치바에 있는 가이센동집에 가는 것이 좋다.

나는 여러 메뉴 가운데 기쿠요쇼쿠도가 자랑하는 2,480엔짜리 하코다테 도모에동을 청주와 함께 주문했다. 잠시 후 종업원이 가이센동을 테이블에 올려놓으면서, 성게 알과 연어 알은 그대로 먹고 가리비에만 간장을 살짝 뿌려 먹으라고 귀띔한다. 그 말대로 가리비부터 하나씩 먹었다. 이곳도 해산물 양이 그리 많지는 않았지만 이른 아침부터 술 한잔하며 싱싱한 해산물을 즐기노라니 겨울철의 하코다테가 몸으로 느껴졌다.

가이센동을 다 먹고도 술이 조금 남아 이카소멘イカ素麺(가늘게 썰어 낸 오징어회. 회를 썰어놓은 모양이 소면을 닮아 '이카소멘'이라고 부른다)을 추가로 주문했다. 역시나 싱싱한 오징어회는 청주와 딱 맞았다.

식사를 마치고 밖으로 나와 걷다보니 시장 안에 '무첨가 우니동'[i]이라고 적어놓은 가게가 눈에 들어왔다. 한 그릇 가격이 6,000~7,000엔이나 한다. 이처럼 가이센동은 다른 음식보다 가격이 센 편이고, 특히 성게 알을 올리면 더욱 비싸진다. 하지만 하코다테 하면 해산물이니, 기왕 하코다테에 왔다면 가이센동 한 그릇은 먹고 가는 것이 정석일 것 같다.

i 보통 식당에서 내는 성게 알은 명반 등으로 보존 처리를 한 것이다. 시간이 지나 형태가 뭉그러지는 것을 방지하기 위함이다. 이 가게에서는 '바로 잡아온 성게의 알'이라는 것을 강조하기 위해 '무첨가'라는 말을 사용했다.

★★★

홋카이도 하코다테시 와카마쓰초 11-15 ☎ 013-822-3732

영업시간 6:00~13:00 (연중무휴)

니가타 수산시장에서 맛본 싱싱한 가이센동,
니가타센교돈야 고쇼쿠도

혼슈의 서쪽에서 동해를 접하고 있는 니가타新潟도 해산물 음식에서는 빼놓을 수 없는 곳이다. 나는 니가타의 특산물과 지역 음식을 맛볼 수 있는 피아반다이 시장ピア万代市場으로 향했다. 현지인들이 주로 이용하는 니가타 시의 피아반다이 시장은 니가타역에서 버스로 10분 정도 거리에 있는데, 버스에서 내려 공영주차장 뒤에 있는 건물로 들어가면 니가타산 농수산물을 파는 가게들이 보이고, 건물 밖에는 회전 스시집, 스테이크 레스토랑, 델리, 커피숍 등이 들어서 있다. 그리고 그 옆의 자그마한 건물 안에는 '니가타센교돈야 고쇼쿠도新潟鮮魚問屋 港食堂'가 자리 잡고 있는데, 이곳은 1904년에 창업한 생선 가게가 직영하는 해산물 전문 식당이다. 나는 이곳에서 일곱 가지 해산물이 들어간 가이센동(1,485엔)을 주문했다.

잠시 후 나이 지긋한 종업원이 가이센동을 테이블에 올려놓으면서 "핑크빛이 도는 게 하마치(방어 새끼)이고, 하얀

색깔이 감도는 건 다이(도미)"라고 알려주었다. 흰 쌀밥 위에는 방어, 도미 말고도 문어, 호키ホキ(대구과에 속하는 생선), 가리비, 단새우, 연어 알이 올라와 있었는데, 하나씩 먹어보니 모두 싱싱하고 맛있었다. 내 예상대로 관광지를 벗어나니 가이센동의 가성비가 좋아졌다. 싱싱한 해산물이 한가득 담긴 가이센동이 1,485엔밖에 안 하니 말이다.

★★★★

니가타현 니가타시 주오구 반다이지마 2-4 ☎ 025-248-8655

영업시간 11:00~15:00, 17:00~21:00 (토요일, 일요일은 브레이크타임 없음)

연어의 고향 무라카미에서 맛본 가이센동,
유루리

니가타역에서 특급열차로 45분 정도 북쪽으로 올라가면 무라카미村上라는 도시가 있다. 이곳은 예전부터 꼭 한 번 가보고 싶은 곳이었다. 온천도 있는 데다 연어, 쇠고기, 청주가 유명한 맛의 고장이기 때문이었다. 하여 무라카미에 하룻밤 묵으면서 청주와 함께 연어와 쇠고기를 골고루 즐기면 좋았겠지만, 이번 여행에서는 가이센동 한 그릇으로 만족하기로 했다.

무라카미역에 도착했는데, 오전 시간이라서 그런지 기차에서 내리는 사람은 나 혼자였고, 역 밖으로 나와도 길가에 사람들의 모습이 거의 보이지 않았다. 혼자 흰 눈이 덮인 거리를 터벅터벅 걷다보니 연어 한 마리가 그려진 맨홀 뚜껑이 눈에 띈다. 이처럼 일본은 각 도시마다 자기 도시의 특산물이나 상징적인 문화유적 등을 맨홀 뚜껑에 그려놓는데, 맨홀 뚜껑의 연어를 보니 '무라카미는 역시 연어의 고장'이라는 것이 새삼 느껴졌다. 실제로 무라카미의 연어는 헤이안 시대부터 교토

황실에 헌상되었을 정도로 그 명성이 오래되었다.

나는 무라카미역에서 걸어서 20분 거리에 있는 유루리悠流里를 찾아갔다. 식당 안으로 들어가니 네모난 테이블이 여럿 보이고, 오른쪽에는 다다미방이 마련되어 있었는데, 번잡스럽지 않고 아늑한 분위기라 마음에 들었다. 유루리는 연어 요리 전문점이지만, 혹시나 무라카미 쇠고기 요리도 있을까 하여 메뉴를 자세히 살펴봤다. 이런 내 마음을 안다는 듯이 '사케오야코동鮭親子丼과 무라카미규아부리동村上牛炙り丼 세트'가 있다! 사케오야코동이란 '사케'(연어)와 '이쿠라'(절인 연어 알)가 함께 들어간 덮밥을 뜻하며, '규아부리牛炙り'(아부리는 '굽다'라는 뜻의 炙る의 명사형)는 '쇠고기를 살짝 구운 것'을 말하는데, 쇠고기를 살짝 구워 밥 위에 올린 규동의 일종이다. 나는 망설임 없이 '사케오야코동과 무라카미규아부리동 세트'(2,450엔)를 주문했다.

음식은 매우 빨리 나왔다. 상 위에는 한쪽에 무라카미규아부리동, 다른 한쪽에 사케오야코동이 놓였는데, 이곳의 규동은 여느 규동과 달리 커다랗게 자른 쇠고기를 살짝 익혀 밥 위에 올렸다. 이곳처럼 쇠고기가 유명한 곳의 규동은 이런 식으로 커다랗게 자른 고기를 밥 위에 올려 내곤 한다.

눈요기를 마치고 먼저 연어 한 점과 함께 밥을 먹었다. 고시히카리로 지은 밥이라서 그런지 밥맛이 아주 좋았고, 연어

도 싱싱하고 맛났다. 게다가 연어 알의 양도 제법 많았다. 역시나 연어의 본고장답다. 이어 반쯤 익혀 나온 쇠고기를 폰즈ポン酢(감귤류의 과즙과 간장을 섞어 만든 소스)에 찍어 먹었는데 입안에서 사르르 녹아 "거참 맛있네."라는 말이 자연스럽게 나왔다.

식사를 마치고, 기차 시간이 조금 남아 마을 안쪽으로 다시 돌아가 예스러운 분위기가 물씬 풍기는 거리를 찬찬히 산책했다. 연어로 유명한 가게 깃카와きっかわ가 보여 잠시 구경이나 할까 하여 안으로 들어갔는데, 나이 지긋한 직원이 나에게 "뒤쪽으로 와보세요."라고 제안한다. 그녀를 따라 들어가자 엄청나게 많은 연어들이 천장에 대롱대롱 매달려 있었다. 그 모습을 보자마자 바로 "와우!"라고 소리를 지르고 말았는데, 아마도 이 광경을 본 모든 사람이 나와 같이 반응했을 것 같다.

이렇게 무라카미에서는 매년 미오모테 강三面川에서 잡은 수천 마리의 연어를 일일이 손으로 염장해 수개월에서 1년에 걸쳐 연어가 완전히 마를 때까지 천장에 달아놓는다고 한다. 또한 무라카미에는 연어를 즐기는 100가지의 방법이 있다고 할 정도로 다양한 연어 요리를 자랑하는데, 그중 가장 독특한 것으로 니가타의 술과 무라카미 연어를 컬래버레이션한 '사케비타시酒びたし'다(일본어로 연어鮭와 술酒 모두 '사케'로 발음

된다). 사케비타시는 말린 연어를 청주에 담가 잠시 부드러워질 때까지 기다리다가 먹는 것이라고 한다. 나는 사케비타시의 맛이 궁금해 종이처럼 아주 얇게 썰어놓은 사케비타시 연어 한 장을 사 가지고 나왔다.

사실 이곳에 오기 전에는 '가이센동 한 그릇 먹으러 무라카미까지 가야 하나?' 하고 꽤나 고민을 했다. 그러나 막상 와보니 맛난 가이센동과 규동도 먹고, 무라카미 연어에 대해 한 수 배우게 돼 '무라카미에 오길 참 잘했다.'는 생각이 들었다. 또한 '설국의 고향' 니가타에서 눈 덮인 마을을 걸어본 것도 오랫동안 추억에 남을 것 같았다.

★★★★★

니가타현 무라카미시 시오마치 4-5 ☎ 025-453-6288

영업시간 11:00~14:30 (토요일, 일요일 17:30~20:30 연장영업, 수요일 휴무)

후쿠오카의 명물 음식 멘타이코동,
하카타아마노

무라카미가 연어로 이름난 것처럼, 후쿠오카는 오래전부터 멘타이코明太子(명란젓)로 유명한 곳이다. 사실 후쿠오카의 멘타이코는 한국에서 전해진 것으로, 일제강점기에 부산에서 태어난 가와하라 도시오川原俊夫가 태평양전쟁 후 일본으로 건너가 후쿠오카에 멘타이코 회사를 세우고, 한국식 명란젓에 약간 변형을 가해 '가라시 멘타이코辛子明太子'[i]로 소개하면서 멘타이코가 후쿠오카의 명물 음식이 되었다. 이제는 하카타역이나 시내에 있는 백화점 식품부 어디를 가도 멘타이코를 파는 매장이 널려 있으며, 밥 위에 명란젓을 올린 멘타이코동明太子丼을 내놓는 식당도 어렵지 않게 찾아볼 수 있다.

이처럼 후쿠오카에서 멘타이코동을 만나기는 그리 어렵

i 원래 '가라시'는 '겨자'라는 뜻으로, 명란젓에 '고춧가루나 겨자와 같은 스파이시한 맛을 더했다'는 의미에서 '가라시'라는 말을 붙였다. 이에 반해 고춧가루를 넣지 않고 소금으로만 절인 명란은 '다라코たらこ'라고 부른다(たら는 대구를 가리킨다).

지 않지만 내가 늦은 밤에 후쿠오카에 도착하여 찾아간 곳은 하카타역과 연결된 킷테KITTE 지하 1층 식당가에 있는 데이쇼쿠 전문점인 하카타아마노はかた天乃였는데, 이곳뿐 아니라 지하 1층에 있는 술집과 식당이 모두 밤 10시가 넘는 시간인데도 많은 사람들로 북적였다.

카운터석에 자리를 잡고 앉아 메뉴를 훑어보니 데이쇼쿠 전문점답게 생선 구이 정식뿐 아니라 스키야키 정식, 그리고 후쿠오카의 명물 음식인 모쓰나베(내장 전골) 정식 등 데이쇼쿠 종류가 매우 많고, 사시미나 가라아게 같은 술안주도 다채롭게 마련되어 있었다. 물론 여기는 멘타이코동을 먹으러 온 것이지만 혹시나 해서 다시 메뉴를 확인해보니 멘타이코동과 해산물이 함께 나오는 '가이센멘타이코동'(2,800엔)이 있는 게 아닌가! 나는 "이거다!"라고 혼잣말로 외치고 나서 바로 종업원에게 가이센멘타이코동과 맥주 한 병을 달라고 했다.

먼저 나온 맥주를 마시다보니 가이센멘타이코동이 나왔는데, 보기만 해도 눈이 즐거웠다. 먼저 커다란 명란젓을 크게 잘라 한 점 먹어보니 명란젓은 그리 짜지 않고 매우 신선했으며 해산물의 조합도 훌륭했다. 이어 맥주와 함께 명란젓과 해산물을 한 점씩 번갈아 먹으니 멘타이코동의 맛도 배가되는 것 같아, 이 메뉴를 고르길 참 잘했다는 생각이 들었다. 먼 여행길에 지친 몸을 달래준 독특한 가이센동이었다.

★★★★☆

후쿠오카현 후쿠오카시 하카타구 하카타에키추오가이 9–1 지하 1층 ☎ 092-260-6366

영업시간 7:30~23:00 (연중무휴)

이것이 일본의 맛,
스시

스시寿司[i]의 역사는 매우 오래되었다. 일본에서 스시가 문헌에 나타난 것은 나라 시대奈良時代(710~794)이며, 헤이안 시대(794~1185)에 동남아시아 등지에서 생선 숙성법이 도작 문화稲作文化와 함께 일본에 전해져, 스시의 원초적인 형태라 할 수 있는 나레즈시熟れずし('숙성된 스시'라는 뜻)가 만들어졌다. 당시의 나레즈시는 생선의 보존을 위해 만들었던 것이라 생선에 밥과 소금을 넣어 발효시킨 후 밥은 버리고 생선만 먹었다. 이후 무로마치 시대(1336~1573)에 들어와 쌀밥이

i '생선초밥'을 뜻하는 스시의 한자 표기는 寿司 또는 鮨(어장 지)가 일반적이지만, 오사카를 비롯한 간사이 지역에서는 鮓(생선젓 자)로 쓰기도 한다.

서민들의 일상식으로 자리 잡으면서 2주에서 한 달 정도 발효시킨 생선과 밥을 함께 먹는 나마나레生成れ(나마生는 '날것'이라는 뜻)가 나타났다. 나마나레는 '밥과 함께 먹는 스시'라는 의미에서 '이이즈시飯ずし'라고도 불렸다.

한편, 먼저 등장했던 나레즈시는 만들어놓고 1년 후에도 먹을 수 있는 스시였지만, 나마나레는 빠르면 4~5일 후에, 늦어도 10일 이내에는 먹어야 한다는 한계가 있었다. 그러나 나마나레는 일본인들에게 주식이었던 쌀밥을 버리지 않고 생선과 함께 먹었다는 점에서 나레즈시보다 진일보한 스시의 형태라고 볼 수 있다. 또한 나마나레의 출현 이후 스시는 부식(반찬)에서 주식의 하나로 변모해갔다.

에도 시대 초기인 1600년대 이후에는 식초 양조 기술이 발달해 생선과 밥을 발효시키지 않고 생선이나 밥에 식초와 소금을 버무려 넣어 하룻밤 재워 먹는 하야즈시早寿司(하야早는 '빠르다'라는 뜻)가 출현했다. 하야즈시는 하룻밤만 지나면 먹을 수 있어 '이치야즈시一夜ずし'라고도 불렸다.

이후 1700년대 중반부터 하야즈시는 오시즈시押し寿司('눌러 만든 스시'라는 뜻)로 발전되었는데, 오시즈시는 사각 나무틀에 초밥을 채우고 그 위에 생선을 올린 후 뚜껑을 덮고 무거운 돌로 눌러 만든 스시다. 오늘날 오사카와 교토를 위시한 간사이 지역에서 오시즈시는 '나무 상자에 넣어 만든 스시'라는 뜻에서 하코즈시箱ずし라고도 불린다. 다른 한편, 하야즈시는 사사마키즈시笹巻き鮨와 같은 한 입 크기의 스시로 발전했다. 사사마키즈시는 식초에 절인 어패류를 한 입 크기로 뭉친 초밥에 얹어 하나씩 조릿대 잎으로 감싸 스시 통에 세워놓고 뚜껑을 덮고 나서 무거운 돌로 눌러 반나절 후에 먹는 스시를 말한다.

사사마키즈시 다음에 등장한 스시는 오늘날 스시의 형태에 가까운 에도의 니기리즈시握り寿司(니기리握り는 '손으로 쥠'이라는 뜻)다. 이 니기리즈시가 등장한 것은 에도 시대 후기(분세이文政 연간인 1818~1830년)였다. 이때 스시집 주인이 손님 앞에서 손으로 한 입 크기의 초밥을 쥐고 그 위에 에도마에江戸前(에도 만을 가리킨다)에서 잡은 생선에 식초와 간장 등으로 간을 하여 올려 즉석에서 스시를 만들어 팔았다.

일설에 의하면, 1824년 하나야 요헤이華屋与兵衛라는 사람이 에도의 스미다 강隅田川 근처의 료코쿠 지역에서 오늘날의 니기리즈시와 비슷한 스시를 만든 것이 최초라고 한다. 그는 갓 지은 밥을 쌀식초와 소금으로 간을 해 초밥을 만들고, 손으로 이 초밥을 한 줌 쥐어 둥글게 만든 다음, 당일 에도 만에서 갓 잡아 간장이나 식초, 소금으로 밑간한 생선을 초밥 위에 올려 손으로 누르는 방식으로 스시를 만들었다고 한다. 그가 만든 스시의 크기는 오늘날의 니기리즈시보다 두세 배 컸다고 하며, 지금처럼 초밥과 스시 재료 사이에 와사비를 넣기 시작한 것도 하나야 요헤이였다고 한다.

이렇게 만든 스시를, 처음에는 나무 상자를 이용해 만든 하코즈시와 구분하기 위해 '니기리 하야즈케握り早づけ'(쓰케つけ는 '올리다' 또는 '절이다'라는 뜻이다)라고 불렀다고 한다. 그러다 니기리즈시握り寿司, 또는 '에도 만에서 잡은 생선으로 만든 스시'라는 의미에서 에도마에즈시江戸前寿司라는 이름으로 불리게 되었다.

한동안 니기리즈시는 에도의 향토음식으로 자리 잡았다. 그러다가 1923년에 일어난 간토 대지진関東大地震으로 도쿄가 황폐화되면서 당시 도쿄에서 일하던 스시 장인들이 일본 전역으로 흩어졌다. 이들이 각자 자리 잡은 지역에서 스시집을 차리면서 일본 전역에 니기리즈시집이 생겨났다. 또한 이때 도쿄의 땅값도 크게 떨어져 노점에서 스시를 만들어 팔던 스시 상인들이 가게를 얻어 정식으로 영업을 할 수 있게 되었다.

일본 스시 역사에서 또 다른 중요한 사건은 1947년에 내려진 '음식 영업 긴급 조치령'이었다. 당시 일본 정부는 태평양전쟁 패전 이후의 극심한 식량난을 타개하기 위해 일본 내 모든 요식업을 금지하는 법을 제정했으며, 이에 따라 스시집 또한 문을 닫을 수밖에 없었다. 이때 도쿄의 스시조합이 정부와 협상에 나섰고, 마침내 '위탁 판매 방식'이라는 묘수를 만

들어냈다. 이는 손님이 쌀 1홉(약 180g)을 가져오면 초밥 10개 또는 마키즈시巻き寿司(김으로 둥글게 만 스시) 4개를 만들어주는 방식에 대해 정부로부터 정식 사업 허가를 받은 것이다. 하지만 이 사업 허가는 에도마에즈시(니기리즈시)에만 해당되는 것이었고, 간사이의 하코즈시 등은 제외되었다. 이로써 간사이 지역을 포함, 일본 전역에서 니기리즈시만을 팔게 되었으며, 1인분의 니기리즈시 개수도 정해지게 되었다. 이 두 가지 계기를 통해 도쿄의 독특한 스시였던 니기리즈시가 일본의 대표적인 스시로 거듭나게 된 것이다.

일본 스시의 역사에서 회전스시回転寿司의 출현이라는 사건도 빼놓을 수 없다. 일본 최초의 회전스시집은 1958년 시라이시 요시아키白石義明가 히가시오사카東大阪에서 문을 연 마와루겐로쿠즈시廻る元禄寿司로 알려져 있다. 어느 날 시라이시 요시아키가 아사히맥주회사를 방문해 자동으로 이동하는 컨베이어벨트 위에서 맥주병에 자동으로 맥주가 병입되는 장면을 본 후 회전스시에 대한 아이디어를 얻었다고 한다. 그는 5년간의 연구 끝에 회전스시 기계를 완성했고, 1970년 오사카 만국 박람회에서 회전스시를 선보여 큰 호응을 받았으며, 이후 일본 전역에 회전스시집이 생겨났다.

스시를 제대로 맛보려면

스시를 제대로 즐기려면 몇 가지 알아야 할 것이 있는데, 먼저 니기리즈시는 샤리シャリ와 네타ネタ로 구성되어 있다는 것이다. 여기서 샤리는 초밥, 네타는 초밥 위에 올려지는 재료(생선)를 말한다. 샤리는 쌀밥에 식초, 소금, 설탕을 섞어 만들며, 네타는 크게 나마모노, 히카리모노, 니모노, 가이, 기타 재료의 다섯 가지 유형으로 나뉜다.

이 다섯 가지 네타를 좀 더 자세히 설명하면, 먼저 '날 생선'이라는 뜻의 나마모노生物는 주로 광어, 광어 지느러미, 참치[i], 연어, 도미, 방어, 새끼방어 등을 말한다. 히카리모노光り物는 '등푸른 생선'을 말하며, 주로 고등어, 꽁치, 전어, 전갱이, 삼치, 가다랑어, 가자미 등이 사용된다. 일반적으로 등푸른 생선은 살짝 숙성시키거나 비린내를 방지하기 위해 생강 썬 것을 올려 내기도 한다.

니모노煮物는 '익힌 음식'이라는 뜻으로, 장어(우나기), 붕장어(아나고), 단새우 등이 주로 사용된다. 가이貝는 조개류를 말하며, 주로 가리비, 피조개, 왕우럭조개, 국방조개, 고둥 등

i 참치는 부위에 따라 아카미赤身(등 부위의 붉은 살), 주토로中とろ(다소 기름진 중뱃살), 오토로大とろ(매우 기름진 대뱃살)로 나뉜다.

이 사용된다. 기타 재료로는 달걀말이, 문어, 오징어, 전복, 성게 알, 연어 알, 날치 알, 청어 알, 오징어 젓갈 등이 스시의 네타로 사용된다.

다음은 니기리즈시를 먹는 방법을 알아보자. 이는 꼭 지켜야 할 규칙은 아니지만, 알아두면 스시를 제대로 즐길 수 있다. 첫째, 니기리즈시는 젓가락을 사용하여 먹어도 되고, 맨손으로 집어 먹어도 된다. 사실 니기리즈시는 젓가락을 사용해 먹는 것이 보통이지만 손을 사용하면 잡기도 훨씬 쉽고, 샤리에 올려진 네타가 떨어지지 않아 좋다. 보통 스시집에 가면 손님들에게 물수건(오시보리おしぼり)을 주는데, 스시를 먹기 전이나 후에 손을 닦는 용도다. 둘째, 니기리즈시는 한입에 먹는 것이 올바른 식사 매너다. 셋째, 초밥(샤리)에는 간장을 적시지 않는다. 초밥에 간장을 적시면 스시의 풍미가 떨어질 뿐 아니라 살짝 뭉쳐놓은 초밥이 흐트러질 수도 있기 때문이다. 스시에 간장을 묻히고 싶으면 스시를 뒤집어 생선의 끝부분을 간장에 살짝 찍거나 아니면 가리(생강)에 간장을 묻혀 붓처럼 살짝 생선에 칠하는 것이 하나의 요령이다. 넷째, 스시를 먹는 순서가 딱히 정해져 있지는 않지만 일반적으로 광어나 도미 같은 흰살 생선이나 기름기가 적은 참치의 붉은 살(아카미)에서 시작해 방어나 연어같이 보다 기름지고 묵직한 질감의 생선이나 고등어나 꽁치와 같은 등푸른 생선, 또는 장어나 성

게 알, 연어 알처럼 보다 강한 맛의 재료로 넘어가는 것이 좋다. 다섯째, 스시를 먹는 중간중간에 입가심이나 맛의 구분을 위해 생강 절임이나 단무지를 먹거나 녹차를 마시는 것이 좋다. 끝으로, 젓가락으로 다른 사람들에게 스시를 건네주면 안 된다. 이 행동은 일본 전통 장례식에서 시신을 화장한 뒤 남은 뼈를 옮길 때 젓가락을 사용하는 것을 연상시켜 식당에서는 금기로 여겨지기 때문이다. 만약 다른 사람에게 스시를 건네려고 한다면 스시를 빈 접시에 담아주는 게 좋다.

스시집의 메뉴 구성에 대해 알아두는 것도 스시를 즐기는 데 도움이 된다. 보통 스시집의 메뉴는 크게 오키마리おきまり/お決まり, 오코노미おこのみ/お好み, 오마카세おまかせ/お任せ로 나뉜다. 이 가운데 오키마리는 '정해진 것'이라는 뜻으로, 세트 메뉴를 가리킨다. 보통 스시집마다 '쇼松', '치쿠竹', '바이梅'와 같은 이름으로 스시의 종류와 가격이 정해진 세트 메뉴가 있다.

오코노미는 '(본인이) 좋아하는 것'이라는 뜻으로, 손님이 원하는 대로 스시를 하나씩 골라 주문하는 방식이다. 예전에는 오코노미 방식으로 스시를 먹으려면 일본어로 스시 이름을 알아야 했기 때문에 스시를 주문하기가 매우 어려웠으나 요즘에는 일본어뿐 아니라 한국어나 영어로 된 메뉴판 혹은 태블릿으로 스시를 주문할 수 있는 곳이 많이 늘어 그리 어렵지 않게 오코노미 방식으로 스시를 즐길 수 있게 되었다.

오마카세의 '마카세まかせ'는 '(요리사에게) 맡기다'라는 뜻으로, 원래 해산물이나 스시 등을 전문적으로 하는 식당에서 그날그날 가장 좋은 재료를 골라 세트로 내놓는 방식을 말한다. 오마카세는 때로 '고급 스시'라는 의미로도 사용되며, 가격도 4,000~5,000엔짜리 오마카세부터 2만 엔이 넘는 오마카세까지 매우 다양하다.

다양한 스시 종류

니기리즈시 외에 에도에서 생겨난 스시로 지라시즈시散らし寿司와 이나리즈시稲荷寿司가 있다. 지라시즈시는 그릇에 밥을 담고 그 위에 다양한 날생선과 채소를 얹은 것으로, 우리에게는 해산물 덮밥처럼 보이기도 한다. 지라시즈시는 과거에는 '지라시고모쿠즈시散らし五目寿司'(일본어로 고모쿠五目는 '다섯 가지' 또는 '여럿'이라는 뜻)라고 불리기도 했는데, 당시에는 지라시고모쿠즈시가 니기리즈시보다 비쌌다. 한동안 고모쿠즈시와 지라시즈시라는 이름이 혼용되다가 1930년대에 이르러 지라시즈시로 이름이 통일되었다. 이런 연유로 오늘날에도 지라시즈시는 지역에 따라 '고모쿠즈시', 또는 '고모쿠치라시', 또는 '바라즈시ばら寿司'(바라ばら는 '나무 그릇'을 뜻한다)라고 불린다.

그렇다면 지라시즈시와 가이센동의 차이는 무엇일까? 둘 다 밥 위에 신선한 해산물을 올린 음식이라는 점에서는 비슷하지만, 밥이 다르다. 일반적으로 지라시즈시는 식초로 간을 한 초밥을 사용하고, 가이센동은 흰 쌀밥으로 만든다. 그렇지만 반드시 이 구분이 지켜지는 것은 아니다.

이나리즈시는 유부주머니에 초밥을 넣은 것, 즉 유부초밥이다. 이나리즈시는 유부주머니에 초밥만을 넣어 만드는 게 보통이지만 때로는 초밥에 잘게 썬 당근과 표고버섯, 참깨 등을 섞기도 하는데, 이를 '고모쿠이나리五目いなり'라고 부른다. 이나리즈시의 기원에 대해서는 정확히 알 수 없으나 대체로 에도 시대인 18세기 후반에 나타났다고 보고 있으며, '이나리즈시'라는 이름은 이나리신사稲荷神社에서 나온 것으로 추정하고 있다. 그렇다면 어떻게 유부초밥이 신사와 관련이 있는 것일까? 일본 전역에는 3만 여 곳의 이나리신사가 있으며(그중 교토의 후시미이나리신사伏見稲荷神社가 총본산이다), 이나리신사는 다산多産과 사업 번창의 신을 모신다. 그런데 이 신의 사자使者가 여우로, 여우가 가장 좋아하는 음식이 다름 아닌 유부인 것이다. 이런 이유로 유부에 밥이 더해진 초밥의 이름을 '이나리즈시'라고 부르게 되었다고 전해진다.

흥미로운 사실은 간사이 지역과 간토 지역에서 이나리즈시의 모양이 다르다는 것이다. 일반적으로 간사이 지역의 이나리즈시는 여우 귀를 닮아 산 모양의 삼각형인 데 반해, 간토 지역의 이나리즈시는 베개와 같은 사각형이다.

이외에도, 마키즈시巻き寿司(마키巻き는 '말기' 혹은 '만 것'이라는 뜻)가 있는데, 우리나라 김밥처럼 밥을 김으로 만 스시를 말한다. '마키즈시'라는 용어는 1749년에 출판된 요리책《료리산카이쿄料理山海郷》에 처음으로 등장하지만, 당시의 마키즈시는 지금과는 달리 대나무발에 해산물을 만 것이었다. 오늘날과 같은 마키즈시는 1750년경 처음 선보인 네모난 판형 김의 등장과 관계가 있다. 이후 간사이 지역에서 지금과 같은 형태의 마키즈시가 처음 만들어져 전국으로 퍼져나갔으며, 1776년에 발간된《신센콘다테부루이슈新撰献立部類集》에 처음 마키즈시가 언급되어 있다.

마키즈시는 크기에 따라 호소마키細巻(얇은 마키즈시), 후토마키太巻(두꺼운 마키즈시)로 나뉘며, 내용물에 따라 갓파마키河童巻(오이가 들어간 마키즈시)[i], 데카마키鉄火巻(참치가 들어간 마키즈시)[ii], 간표마키干瓢巻き(박고지가 들어간 마키즈시), 그리고 형태에 따라 군칸마키軍艦巻(군함 모양의 마키즈시. 자그마한 밥 덩어리에 김을 두르고 그 위에 연어 알, 성게, 오징어 젓갈 같은 부드러운 재료를 채워 만든다), 데마키手巻(고깔 모양의 마키즈시) 등의 종류가 있다.

한 가지 흥미로운 점은 오래전부터 간사이 지역에서는 두툼한 후토마키를, 그리고 간토 지역에서는 가는 호소마키를 선호한다는 점이다. 그 이유는, 간사이 지역에서는 두툼한 마키즈시가 더욱 고급스럽다고 생각한 데 반해, 간토 지역에서는 두툼한 마키즈시는 세련미가 떨어진다고 생각해 얇게 만 마키즈시를 즐겨 먹었기 때문이라고 한다.

i '갓파河童'는 오이를 좋아하며 어린이의 모습을 하고 있다고 전해지는 물에 사는 요괴다.

ii 원래 '붉게 달군 철'이라는 뜻의 '데카'는 데카마키 안에 들어 있는 붉은 참치 살을 표현한 것으로 볼 수 있으나 실제로는 '데카바鉄火場'라고 불리는 도박장에서 사람들이 빨리 먹기 쉽게 만든 간식에서 유래되었다고 한다.

도요스 시장의 오마카세 스시 전문점,

이치바스시

예전에는 스시를 먹으러 쓰키지 시장에 많이 갔지만 이번에는 2018년에 새로이 문을 연 도요스 시장에 가보기로 했다. 쓰키지 시장을 대신할 수산물 중앙도매시장인 도요스 시장은 도쿄 만 앞에 만든 인공섬에 들어섰다. 그래서 쓰키지 시장보다 가는 길이 조금 복잡하지만 신바시역新橋駅에서 딱 27분 걸리는 곳에 있으니 시간상으로는 그리 멀지 않다.

그런데 직접 가서 보니 쓰키지 시장과는 그 모습이 딴판이었다. 한마디로, 쓰키지 시장은 오랜 연륜이 느껴지는 재래시장 분위기였다면, 도요스 시장은 외딴 곳에 지어진 건물 단지 같았다. 앞으로 계속 식당가, 쇼핑센터, 호텔 등을 늘려갈 계획이라고 하는데, 현재 도요스 시장에서는 참치 경매 등과 같은 행사를 볼 수는 있지만 소비자가 수산물을 소매로 살 수는 없다.

나는 신바시역에서 유리카모메선ゆりかもめ線을 타고 시조마에역市場前駅에서 내려 음식점들이 입점되어 있는 관리시

설동 3층으로 갔다. 그리고 여러 스시집 가운데 가장 조용한 느낌을 주는 이치바스시市場鮨를 골랐다. 문을 열고 안으로 들어가자 10명 정도 앉을 수 있는 카운터석이 주방을 둥글게 감싸고 있었고, 주방 안에서는 나이 든 주방장과 젊은 요리사가 분주하게 스시를 만들고 있었다.

이치바스시는 스시 오마카세와 가이센동으로 유명한 곳이라 반주로 곁들일 만한 청주가 있을까 해서 메뉴를 살펴보았다. 청주 종류는 그리 많지 않았지만 '다사이獺祭 45'(보다 정확하게 말하자면 다사이 준마이다이긴조獺祭 純米大吟醸)가 눈에 들어왔다. 여기서 '45'라는 숫자는 쌀 도정률이 45퍼센트라는 뜻인데, 이 정도면 고급 스시를 즐기기에 충분할 것 같아 이 술과 함께 이곳의 간판 메뉴인 오마카세니기리おまかせ握り를 주문했다.

잠시 후 여성 종업원이 술과 함께 오토시お通し[i]를 놓고 간다. 술을 한잔하면서 스시가 나오기를 기다렸는데, 잠시 후 나이 든 스시 주방장이 "이건 방어, 주토로, 오토로, 광어입니다."라고 알려주면서 스시를 하나씩 건넸다. 하나씩 맛을 보니 네타는 모두 신선했고, 샤리도 촉촉하고 밥알이 탱글탱글

i 메인 요리가 나오기 전에 가져다주는 간단한 안줏거리. 단, 무료는 아니며, 보통 300~500엔 정도를 받는다.

한 게 맛났다. 물론 다사이 45와도 잘 맞았다. 이어 주방장이 전갱이, 보리새우, 피조개 등 네 가지 종류의 니기리즈시와 달걀말이, 연어 알, 시라코(대구 이리), 성게 알을 각각 올린 군칸마키를 서로 다른 접시에 담아 내놓았다. 그리고 끝으로 젊은 요리사가 우나기 스시를 만들어 올려주는데, 장어에 꿀이 살짝 묻어 있어 디저트 느낌도 나는 것이 꽤 좋은 마무리라는 생각이 들었다.

조용한 분위기의 스시집에서 고급 스시와 고급 청주를 즐기니 잠시 내 자신도 고급스러워지는 기분이 들었으나 한편으로는 너무 근엄하고 딱딱한 실내 분위기가 부담스럽기도 했다. 물론 고급 스시집은 대체로 조용한 편이고, 나도 시끄러운 식당에서 밥을 먹는 것은 매우 싫어하지만, 여기는 분위기가 다소 무거운 편이었다. 스시 요리사가 가끔 미소를 짓거나 편한 모습을 보여주면 좋을 것 같은데 말이다. 부드러운 스시의 샤리처럼.

오마카세니기리는 5,000엔으로, 스시 가격 치고도 조금 비싼 편이지만, 이건 이곳만 그런 것은 아니다. 일본에서 스시 오마카세를 먹으려 한다면 적어도 우리나라 돈으로 5만 원 정도는 예상해야 해서, 스시를 무척이나 좋아하는 나도 평소에는 오마카세를 즐겨 먹지 않는다. 그렇지만 일본에 온 김에 한 번 정도 스시 오마카세를 경험하는 것도 좋을 듯하다.

★★★★

도쿄도 고토구 도요스 6초메 6－1 관리시설동 3층 ☎ 03-6633-0003

영업시간 6:30~14:00 (수요일, 일요일 휴무)

도쿄 쓰키지 장외시장의 터줏대감,

스시잔마이

쓰키지 시장 안에 있는 스시잔마이すしざんまい 본점을 찾아간 때는 일요일 저녁이었다. 사실 며칠 전에도 이곳에 갔다가 식당 밖에 긴 줄이 늘어서 있어 그냥 돌아왔다. 그래서 이번에는 관광객들이 몰리는 낮 시간을 피해 일요일 저녁에 왔더니 쓰키지 시장에 있는 모든 가게가 문을 닫았고, 스시잔마이 본점만 문을 열었다.

내가 쓰키지 시장에 있는 여러 스시집 가운데 스시잔마이를 찾은 이유는 이곳이 도쿄에서 창업한 스시 전문점이기도 하거니와 본점은 24시간 영업을 하기 때문이었다. 공교롭게도 일본에 머무는 동안 스시잔마이의 대표인 기무라 기요시木村清가 TV에 나온 것을 보았는데, 사회자가 그에게 "어떻게 24시간 영업하는 스시집을 열게 되었습니까?"라고 묻자 그는 "젊은 시절 자위대 공군에서 몇 년간 근무를 했는데, 그때 3교대로 일을 하는 방식을 보고 24시간 영업하는 스시집을 차릴 것을 결심했습니다."라고 대답했다. TV에서 본 그는 커다란 덩치에 걸맞게 성격도 매우 활달했는데, 스시잔마이 본점에서는 웃는 모습으로 손님을 맞이하는 그의 마네킹을 만날 수 있다.

창업한 지 20년이 넘는 스시잔마이는 현재 도쿄와 가나자와金沢에 40개가 넘는 지점을 가지고 있으며, 쓰키지 시장 부근에만 해도 산마이 쓰키지에키마에점築地駅前店, 산마이 혼진本陣, 산마이 신칸新館, 산마이 오쿠노인奥の院, 그리고 산마이 회전스시 등을 운영하고 있다(산마이さんまい는 '삼매경三昧境'에서 三昧의 일본어 발음). 각 지점 홈페이지에 들어가면 스시 메뉴가 한국어를 비롯한 여러 나라 언어로 설명되어 있어 스시에 대해 배우기도 좋다.

예상대로 식당 밖에 줄을 서 있는 사람이 두 명밖에 없어 금방 안으로 들어갈 수 있었다. 잠시 대기석에 앉아 기다리는 동안 식당 안을 돌아보니 1층에는 20명 정도 앉을 수 있는 기다란 카운터석과 2인용 테이블 6개가 놓여 있었고, 2층과 3층에도 자리가 많았다. 실내 분위기는 캐주얼하면서 매우 활기찼다.

1층 테이블에 자리를 잡고 태블릿으로 메뉴를 들여다보니 먼저 크래프트 맥주가 눈에 들어와 페일 에일pale ale[i]을 주문해 맛보았다. 일반 라거 맥주보다는 조금 더 묵직하고 고급스러운 맛이었다. 스시는 여러 세트 메뉴 가운데 큰 사발의 미

소시루가 포함된 고코로이키こころ粋를 주문했다(3,278엔).

잠시 후 검정색 네모난 접시 위에 데카마키鉄火巻 3점, 달걀말이 군칸마키, 오징어 니기리즈시, 가리비 니기리즈시, 청어 알 군칸마키, 전갱이 니기리즈시, 도화새우 니기리즈시, 연어 알 군칸마키, 네기토로ねぎとろ(참치 뼈에 붙어 있는 살을 긁어낸 것) 군칸마키, 참치 니기리즈시(부위별로 3점), 아나고 니기리즈시 등 총 15점이 담겨 나왔다. 한 점씩 맛을 보니 스시는 모두 신선했고, 샤리의 단단하면서도 적당히 촉촉한 식감이 매우 좋았다. 게다가 미소시루가 아주 맛있었는데, 무엇보다도 짜지 않은 데다 양도 매우 많아 오랜만에 미소시루를 실컷 먹을 수 있었다. 단, 스시를 주문할 때 종업원이 "미소시루는 언제 가져올까요?"라고 물을 때 바로 가져다 달라고 대답해야 한다. 그러지 않으면 스시를 다 먹고 난 후에 미소시루만 먹는 상황에 처할 수도 있으니까 말이다.

쓰키지 시장에 있는 스시집들은 항상 여행객들로 붐비기 때문에 스시를 먹기 위해 꼭 쓰키지 시장을 찾아올 필요는 없다. 하지만 옛 쓰키지 시장을 돌아보고 나서 이곳에서 스시 한 점을 먹는 것도 나쁘지는 않다. 나는 옛 쓰키지 시장의 추억을

i 맥주는 크게 라거lager와 에일ale로 나뉘는데, 페일 에일은 기본적인 에일 맥주라고 할 수 있으며, 라거보다 조금 더 묵직한 맛이 난다.

떠올릴 겸 스시잔마이에 들렀지만 스시만으로 평가해도 꽤 괜찮은 곳이다.

★★★★☆

도쿄도 주오구 쓰키지 4초메 11-9 ☎ 03-3541-1117

영업시간 연중무휴 24시간 영업

신주쿠에서 만나는 가이센 지라시동,
니다이메 나나코

지라시즈시는 일반 스시 집에서도 그리 어렵지 않게 맛볼 수 있는 음식이지만, 나는 도쿄 신주쿠역 서쪽 출구에서 5분 거리에 있는 '니다이메 나나코二代目 魚々子'를 찾아갔다. 이곳은 신주쿠의 야키토리 골목으로 유명한 야키토리 요코초焼き鳥横丁에서 그리 멀지 않은 곳에 있어 찾아가기는 어렵지 않았다.

'니다이메 나나코'는 원래 겐시야키原始焼(생선을 꼬챙이에 꿰어 불에서 직접 굽는 방식)를 전문으로 하는 술집으로, 식당 중앙에 생선을 굽는 화로가 놓여 있다. 이곳에서 낮 시간에 한해 지라시즈시를 내놓는다고 해 한번 가보았다. 청주의 종류를 많이 갖추고 있어 일단 몸도 녹일 겸 청주를 아쓰칸으로 한 잔 주문하고 간단한 안주로 니쿠도후肉豆腐(고기가 들어간 두부 요리)와 샐러드를 한 접시씩 시켰다. 그런데 안주 가격이 한 접시에 100엔밖에 되지 않는다! 청주를 한 잔 더 할까 하다가 참고, 이곳의 점심 한정 메뉴인 '가이센 지라시동海鮮散らし

丼'(1,000엔)을 주문했다.

가이센 지라시동에는 가리비, 연어, 참치, 방어, 시메사바, 오이, 달걀말이, 날치 알 등이 가득 올라가 있어 골라 먹는 재미가 쏠쏠했다. 특히 가리비의 양이 많아 마음에 들었다. 밥에는 약간 식초 간이 되어 있었는데, 이를 보면 가이센 지라시즈시와 가이센동의 구분은 별로 의미가 없는 듯하고, 이런 연유로 이 집의 메뉴 이름도 가이센 지라시동이 된 것 같다. 지라시즈시는 넓은 그릇에 나오는 지라시즈시와 둥근 사발에 담겨 나오는 바라치라시가 있는데, 내가 먹은 가이센 지라시동은 바라치라시라고 할 수 있다.

'니다이메 나나코'의 지라시동은 양적으로나 질적으로도 매우 훌륭해 신주쿠에 갈 기회가 있으면 다시 한 번 찾아가 먹어보고 싶다. 그땐 아마도 청주와 함께 생선 구이를 먹을 것 같기는 하지만 말이다.

★★★★☆

도쿄도 신주쿠구 니시신주쿠 7초메 19－22 다이칸플라자시티 ☎ 03-3367-0775
영업시간 11:30~14:30, 17:00~22:00(금요일은 23:00까지,
토요일은 오전 영업 없이 17:00~22:00, 일요일 휴무)

原始焼
二代目
魚々子

교토 오시즈시의 노포,

이즈우

이번에는 오시즈시押し寿司를 먹기 위해 교토를 찾았다. 전철 기온시조역祇園四条駅 7번 출구로 나와 4~5분 걸어가면 음식점과 술집이 밀집된 골목이 나오는데, 그 한가운데쯤 いづう라고 적힌 노렌이 눈에 들어온다. 이곳이 1781년부터 영업해온 스시 전문점 '이즈우いづう'로, 고등어로 만든 사바즈시鯖寿司 전문점이다. 과거 냉장 시설이 없던 시절, 바다에서 멀리 떨어져 있는 교토에서는 신선한 생선을 먹기 힘들었고, 교토에서 꽤 멀리 떨어진 와카사 만若狭湾에서 잡은 고등어를 소금과 식초로 절여 보존하곤 했다. 이 초절임 고등어를 시메사바しめさば라고 하는데, 이것으로 만든 스시가 사바즈시다. 사바즈시는 특별한 날 먹는 귀중한 음식이었는데, 이 소박한 축제 음식을 판매하기 위해 만든 곳이 바로 이즈우다.

이즈우의 나무 문을 열고 들어가자 찻집처럼 차분하고 조용한 분위기가 물씬 풍기는 공간에 테이블 4개가 놓여 있었다. 종업원이 나를 보더니 "테이크아웃을 하실 건가요?"라고 먼저 물어본다. 포장해 가는 손님이 많은 모양이다. 내가 "아뇨, 여기서 먹고 갈 겁니다."라고 대답했더니, 커다란 나무 테이블이 놓인 자리로 안내를 해주었다.

애초의 작정은 이곳에서 간사이 오시즈시와 이나리즈시, 그리고 마키즈시가 함께 들어 있는 윈터 스페셜을 먹는 것이었는데, 내가 갔을 때는 이미 다 팔렸다고 한다. 하는 수 없이 사바즈시와 도미로 만든 다이즈시鯛寿司가 3개씩 들어 있는 '사바·다이 모리아와세'(2,723엔)와 차가운 청주(레이슈冷酒)를 한 잔 주문했다.

잠시 후 진한 고동색 다시마에 싸인 사바즈시와 샛노란 다시마 옷을 입은 다이즈시가 눈앞에 놓였다. 사바즈시는 물론 도미로 만든 다이즈시도 니기리즈시가 아니라 식초에 재운 고등어와 도미의 뱃속에 초밥을 채우고 한 입 크기로 썰어놓은 오시즈시로, 동그란 스시를 다시마가 감싸고 있다. 다시마를 살짝 걷어내고 스시 맛을 보니 둘 다 살짝 숙성된 오시즈시의 깊은 맛이 느껴졌지만 고등어로 만든 사바즈시의 맛이 더 묵직했다.

오시즈시는, 니기리즈시에 익숙한 사람들에게는 꽤 낯선 맛이라고 할 수 있고, 신선한 생선을 쓰는 니기리즈시에 비하면 특유의 맛과 향에 거부감을 느끼는 사람도 없지 않다. 하지만 깊고 진한 맛에 익숙해지면 헤어나기 힘들며, 일본 전역을 돌아

다니다보면 지역 특산품으로 오시즈시를 만들어 파는 곳을 많이 볼 수 있다. 특히 살짝 숙성된 오시즈시는 식사로서뿐만 아니라 청주 안주로도 매우 좋다. 특히 오시즈시에는 차가운 청주가 딱이다. 그래서 이즈우에서는 레이슈만 내는 것 같다.

교토 스시를 즐기기 좋은 오랜 전통의 음식점.

★★★★☆

교토부 교토시 히가시야마구 기요모토초 367 ☎ 075-561-0751

영업시간 11:00~22:00 (일요일은 21:00까지 단축영업, 화요일 휴무)

나라현을 대표하는 가키노하즈시,
히라소

8세기경 일본 수도였던 고도古都 나라奈良에는 가키노하즈시柿の葉寿司라는 독특한 오시즈시가 있다. '감나무 잎 스시'라는 이름 그대로, 가키노하즈시는 고등어, 연어 또는 도미 조각을 한입 크기의 초밥에 올려 소금에 절인 감잎으로 감싼 오시즈시를 말한다. 그 역사는 에도 시대로 거슬러 올라가는데, 당시에는 바다에서 잡은 생선을 식초나 소금에 절인 뒤 항균 효과가 있는 감잎으로 싸서 육지로 운반했고, 이를 잘라 초밥에 얹어 먹었다고 한다. 가키노하즈시는 나라현의 향토음식이지만 와카야마현和歌山県이나 이시카와현 같은 간사이 지역의 이웃한 현에서도 어렵지 않게 만날 수 있다.

긴테쓰나라역近鉄奈良駅을 나와 5분 정도 걸어가면 에도 시대 말기인 1861년에 창업한 가키노하즈시 전문점인 히라소平宗 본점이 나오는데, 나는 시내도 구경할 겸 히라소 나라점(신관과 본관 같이 있음)을 찾아가기로 하고, 먼저 나라마치奈良町에 있는 고후쿠지興福寺와 사루사와 연못猿沢池을 둘러보았다. 그러고 나서 히라소 나라점이 있는 조용한 골목 안으로 들어갔더니 사슴 여러 마리가 태연하게 길을 걸어 다니고 있다.

고풍스러운 분위기가 물씬 풍기는 식당에는 나무 테이블 3개와 자그마한 카운터석이 놓여 있고, 느린 피아노곡이 흘러나오고 있었다. 한마디로, 와비사비侘び寂び(투박하고 오래되고 조용한 상태)의 미학이 느껴지는 공간이었다. 게다가 일본 전통 복장(일종의 작업복인 사무에作務衣)을 입은 젊은 여성 종업원들도 속삭이듯 말이 건네, 마치 나라 시대의 가게 안에 들어온 것 같았다.

나는 레이슈와 함께 고등어 스시 3개와 연어 스시 3개에 스이모노吸い物(맑은 국)가 세트로 구성된 '가키노하즈시 모리아와세柿の葉ずし盛り合わせ'(1,480엔)를 주문했다.

잠시 후 젊은 종업원이 스이모노와 레이슈를 먼저 가져다놓고, 이어 '가키노하즈시 모리아와세'를 가져왔다. 스시는 적당히 숙성이 되어 가키노하즈시 본연의 맛을 즐기기에 좋았고 레이슈와도 아주 잘 어울렸다. 알아보니 히라소에서는 나라현의 브랜드 쌀인 히노히카리ひのひかり를 사용하고, 밥에 간을 하는 식초는 350년의 역사를 자랑하는 양조장의 것이라고 한다.

그간 일본에 올 때마다 니기리즈시를 즐겨 먹었다. 그런데 이번에 교토와 나라에서 오시즈시를 본격적으로 먹고 나니

니기리즈시와는 또 다른 맛을 느낄 수 있었다. 게다가 나라마치에 있는 히라소 나라점은 나라의 예스러운 분위기를 느끼면서 가키노하즈시의 맛을 즐기기 좋은 식당이었다.

★★★★☆

나라현 나라시 이마미카도초 30-1 ☎ 0742-22-0866

영업시간 10:30~20:30 (월요일 휴무)

교토의 아름다운 데마리즈시,

가시와이

다시 교토를 찾아간 건 데마리즈시를 맛보기 위해서였다. 데마리즈시手まり寿司란 밥을 둥근 모양으로 말고 그 위에 회, 채소, 해초, 어란 등을 올려 만든 작은 공 모양의 스시다. 원래 '데마리手まり'는 '손으로 치면서 노는 공'을 가리킨다. 그래서 스시 이름도 일본 전통 자수刺繡를 수놓은 공인 '데마리手毬'의 이름을 따라 '데마리즈시手毬寿司'가 되었고, 교토에서 유래한 스시이기 때문에 '교즈시京寿司'라고도 부른다. 또한 데마리즈시는 교토 마이코舞妓(게이샤가 되기 위한 견습생)의 음식으로도 알려져 있다. 그건 스시의 모양이 예쁘고, 스시를 먹을 때 마이코의 립스틱이 지워지지 않도록 한 입 크기로 만들어졌기 때문이다. 일본에서는 주로 매년 3월 3일 히나마쓰리雛祭り[i]와 같은 축일에 데마리즈시를 즐겨 먹는다.

데마리즈시를 먹으러 찾아간 곳은 교토시 기타구北区에

i 소녀의 날. 영어로 Doll's Day, 또는 Girls' Day라고도 한다.

있는 가시와이花梓侘. 아침 일찍 지하철 가라스마선烏丸線 기타오지역北大路駅에서 내려 잠시 걸음을 옮기자 조용한 주택가 한쪽에 자리 잡고 있는 자그마한 가게가 눈에 띈다. 그런데 'Antique'라고 쓰여 있는 유리창 안쪽에는 도자기 그릇이 진열되어 있고 다른 쪽 유리창에는 "花梓侘(Kashiwai) Kyoto Saison de Japon since 1985"이라고 쓰여 있을 뿐, 스시집이라고 할 만한 단서는 좀처럼 찾을 수 없었다. 하지만 주변에 다른 스시집은 없는 것 같아 작은 문을 열고 들어갔더니 안쪽에서 "이랏샤이!" 하는 젊은 여성의 목소리가 들려온다. 그녀에게 "여기 데마리즈시집인가요?"라고 물었더니 "맞습니다."라고 하는 게 아닌가. 다행히 맞게 찾아온 것 같다.

그녀는 나를 안쪽으로 안내해주었는데 언뜻 보기에도 가정집을 레스토랑으로 개조한 것 같다. 그래서인지 식당이라기보다는 카페 같은 분위기가 물씬 풍기는 데다 조금 이른 아침 시간이라 그런지 손님이 나밖에 없었다. 그녀를 따라 자그마한 방으로 들어가자 샤미센三味線을 연주하는 소리가 흘러나오고 벽에는 옛 풍속화가 걸려 있어 마치 옛 교토의 찻집에 들어와 있는 느낌이 들었다.

메뉴를 들여다보니 쓰마미즈시つまみ寿し 10칸[i]짜리(2,640엔)와 15칸짜리(3,630엔)가 있어 15칸짜리 데마리즈시를 주문하고 맛차抹茶 하이볼highball(위스키에 소다, 얼음을 넣어 만든 칵

테일)도 달라고 했다. 데마리즈시는 술안주로 먹기 좋은 크기로 만들어졌기 때문에 '쓰마미즈시(쓰마미つまみ는 '술안주'라는 뜻)'라고도 불린다.

한 10분이 흘렀을까? 주인인 듯한 중년 여성이 방으로 들어오더니 먼저 그 계절에 내는 데마리즈시를 설명하는 그림이 그려진 종이 한 장을 테이블에 깔고 그 위에 데마리즈시 열다섯 개가 담긴 접시를 올려놓았다. 그 모습을 보는 순간, "역시 교토는 다르구나!" 하는 말이 절로 나왔다. 접시 위에 놓인 스시의 다채로운 모양과 색깔이 마치 예술 작품처럼 보였기 때문인데, 내가 스시와 종이에 적힌 설명을 번갈아 바라보자 주인이 와서 스시에 관해 하나씩 친절하게 설명해주었다. 나는 그녀의 말을 기억하면서 스시를 하나씩 음미했는데, 자그마한 크기의 표고버섯 조림, 유자 맛이 나는 포슬포슬한 질감의 후麩(밀개떡), 폰즈 양념이 더해진 상큼달달한 맛의 새우말이, 약간 달달하고 짭짤한 맛이 감도는 박고지(간표かんぴょう) 조림, 살짝 구운 가이바시라貝柱(조개관자), 시소 맛의 곤약こんにゃく(구약나물의 뿌리 전분으로 만든 묵), 폰즈 맛이 감도는 다시마 조림, 부드러운 맛의 유바湯葉(두부가 익어서 엉길 때 표면에 생기는 유막을 긁어낸 두부껍질), 살짝 허브 향을 가미한 훈제 연어,

i 일본에서 스시를 셀 때 '칸貫'이라고 부른다.

올리브오일을 입힌 모차렐라치즈, 시소와 오이 조림, 특제 간장에 재운 참치회, 간장 양념으로 맛을 낸 붕장어 구이, 살짝 콤콤한 맛의 시메사바, 약간 시큼한 맛이 감도는 무 조림 등 모든 게 입안에서 사라지는 게 아까울 정도로 정성스럽게 만든 음식들이었다.

음식을 다 먹고 나서 주인에게 "저는 인류학자인데, 일본 음식 문화에 관심이 있어 몇 년 전 일본 국수에 관한 책을 출간했고, 지금은 일본 밥 여행을 하고 있습니다."라고 밝힌 후 "이곳에 외국 사람들도 많이 오나요?"라고 물었다. 그녀는 "최근 홍콩, 타이완 사람은 오는데 한국 사람은 아직 못 보았습니다."라고 한다. 내가 한국 사람으로는 첫 손님이었다! 내가 내일 아나고메시를 먹으러 히로시마에 간다고 하자 그녀가 밝게 웃으며 자기 가게에서 사용하는 붕장어를 히로시마의 우에노うえの(히로시마현 미야지마宮島 입구에 있는 아나고동의 원조 식당)에서 받는다고 귀띔했다.

그녀의 말에 의하면, 원래는 1985년부터 엔티크 도자기를 판매했고 5년 전부터 데마리즈시를 팔기 시작했다고 한다. 이제야 가게의 이름이 두 개인 이유를 알았다. 그리 역사가 오랜 식당이 아닌데도 아주 훌륭한 맛을 내는 게 감탄스러웠는데, 주인이 얼마 전 《미슐랭 가이드》 빕 구르망에 올랐다며 살짝 자랑을 한다. 나는 그녀에게 "데마리즈시는 아주 독특한

冬のつまみ寿し
旨煮椎茸
才巻海老
かんぴょう
貝柱
近江こんにゃく
鯛の昆布〆
生湯葉
スモークサーモン
生ハム
生菓子
千枚漬
まぐろのヅケ
焼穴子
冬のつまみ寿し　（上段右端より）
貝柱　さっと炙ってウニ風味

스시인 것 같습니다. 교토에 와서 새로운 음식을 경험했습니다. 감사합니다."라고 인사한 후 밖으로 나왔다.

가시와이는 다른 곳에서 쉽게 맛볼 수 없는 교토풍의 독창성과 정교함이 곁들여진 데마리즈시를 경험하기 좋은 곳이었다.

★★★★☆

교토부 교토시 기타구 고야마시모우치카와라초 3-3 ☎ 075-491-7056
영업시간 9:00~17:00 (수요일 휴무)

100년이 넘는 이나리즈시 전문점,
시노다즈시

도쿄 간다神田 아와지초淡路町에 위치한 시노다즈시志乃多寿司는 1902년 문을 연 이나리즈시 전문점이며, 도쿄 지하철 오가와마치역小川町駅과 아와지초역淡路町駅에서 불과 2분 거리에 있어 찾아가기 쉽고, 눈에 금방 띄는 깔끔한 분위기의 가게다.

가게 안에는 긴 유리 진열장 안에 이나리즈시(유부초밥)와 노리마키海苔巻(김말이초밥) 등 다양한 종류의 스시가 모형으로 전시되어 있다. 시노다즈시는 테이크아웃 전문점인데, 스시를 주문하면 바로 뒤에 있는 주방에서 만들어 포장해준다. 나는 원래 이나리즈시와 호소마키가 섞여 있는 '욘쇼쿠쓰메아와세四色詰め合わせ'(사색 모둠)를 사려고 했는데 재료가 떨어졌다고 한다. 대신 이나리즈시 4개와 간표마키(박고지를 넣은 마키즈시) 3개가 들어가 있는 '노리마키오쓰메아와세のり巻きお詰め合わせ'(김말이초밥 모둠)와 후토마키 2개, 갓파마키 6개, 다쿠앙마키 6개가 들어간 '마키모노산쇼쿠巻物三色'(삼색

마키즈시)를 사서 나왔다. 가격은 각각 983엔과 1,242엔.

시노다즈시의 설명에 따르면, "마키모노는 조리 후 여섯 시간 이내에, 이나리즈시는 조리 후 두 시간에서 열 시간 사이에 먹는 게 가장 맛있다."고 한다. 그 말에 따라 호텔에 돌아가 바로 이나리즈시가 들어 있는 노란색 포장지를 열었다. 커다란 유부주머니가 밥을 감싸고 있는 이나리즈시가 매우 맛나 보여 한입 먹어보았더니 밥 상태도 좋고 유부의 촉촉한 질감과 깊은 맛이 매우 마음에 들었는데, 유부가 상당히 달았다. 아니, 달아도 너무 달았다. '이렇게 단 게 도쿄 전통의 이나리즈시 맛인가?' 하는 의문이 들 정도였으니까.

이제 마키모노산쇼쿠 차례다. 다시 노란색 포장지를 열고 먼저 갓파마키를 먹었는데, 맛은 단순하지만 오이의 사각거리는 느낌이 신선했다. 다쿠앙마키도 단순한 맛이지만 짭짤하면서 아삭거리는 단무지가 밥과 잘 어울렸다. 후토마키에는 박고지, 달걀말이, 오이 등이 들어가 있었는데, 약간 달달한 박고지의 깊은 맛이 마음에 들었다. 내 입맛에 따라 순위를 매겨보면, 이나리즈시(하지만 너무 달다), 후토마키, 간표마키, 다쿠앙호소마키, 갓파마키 순으로 맛이 좋았다.

시노다즈시에 대해 평하자면, 도쿄 전통의 이나리즈시와 마키즈시를 맛보기 매우 좋은 집이다. 다만, 발랄한 느낌의 포장지 그림과는 달리 매장 분위기가 너무 근엄했다. 이나리즈시나 마키즈시 모두 친근한 느낌의 스시인데 말이다.

★★★★☆

도쿄도 지요다구 간다 아와지초 2초메 2-1 ☎ 03-3255-2525

영업시간 7:00~17:00 (토요일, 일요일 16:00까지 단축영업, 화요일 휴무)

이나리즈시 테이크아웃 전문점,
후쿠즈야

도쿄 지하철 아사쿠사역에서 5분 거리에 있는 후쿠즈야(福寿家) 또한 역사가 매우 오래된 이나리즈시 전문점으로, 가게 앞에 '100주년'이라고 쓰여 있다. 하지만 사실 이곳은 1918년 창업해 전쟁 등의 사정으로 두 차례 문을 닫았다가 2020년에 자손들이 선대의 뜻을 이어가기 위해 사업을 재개한 자그마한 테이크아웃 전문점이다.

길가로 난 매장의 문을 열고 들어가면 바로 카운터에서 주문을 받고 이나리즈시를 내준다. 이나리즈시의 종류가 그리 많지는 않아, 나는 두 가지 종류의 이나리즈시 6개로 구성된 'No. 1'(1,050엔)을 사 가지고 나와 근처에 있는 자그마한 놀이터에서 포장을 풀었다.

후쿠즈야의 이나리즈시는 일반적인 이나리즈시와 달리 둥근 모양에다 크기도 매우 작았다. 그리고 두 가지 이나리즈시 가운데 하나는 유부를 뒤집어 살짝 구운 것이었다. 이건 후쿠즈야의 창업 때부터 만들어온 이나리즈시인데, 그 제법을 알아보니 뒤집은 유부의 표면을 원적외선 버너로 구워 콩의 풍미를 즐길 수 있도록 한 것이라고 한다.

모양새가 새로우니 맛이 더욱 궁금하다. 먼저 굽지 않은 유부로 만든 이나리즈시를 먹어보니 유부는 촉촉하고 약간 짭짤한 맛이 감돌았으나 간다의 시노다즈시와 달리 전혀 달지 않았다. 이나리즈시의 유부가 모두 달다는 편견을 없애주는 맛이라고나 할까. 밥 사이사이에 들어 있는 자그마한 조각의 초생강은 맛의 균형감을 잡아주는 신의 한 수였다. 그리고 유부를 뒤집어 살짝 구운 이나리즈시 안에는 우엉 조각이 들어 있고 검정깨도 살짝 뿌려져 있어 고소한 맛이 났으며, 특히 거친 듯한 질감의 유부가 매력적이었다.

전체적인 평을 말하자면, 내 입맛에는 후쿠즈야의 이나리즈시가 간다 시노다즈시의 이나리즈시보다 잘 맞았다. 물론 시노다즈시의 이나리즈시 또한 고급스럽고 깊은 맛이 났지만 전체적으로 너무 달아 계속 먹기가 힘들었는데, 후쿠즈야의 이나리즈시는 달지 않고 크기도 작아 먹기가 편했다.

아사쿠사에 들를 기회가 있으면 후쿠즈야에서 이나리즈시를 하나 사서 나와 점심 식사나 간식거리로 먹으면 좋을 듯하다. 그리고 다음에는 후쿠즈야에서 대대로 이어져온 소금 맛 유부초밥, 시오이나리즈시塩伊奈利寿司도 맛보고 싶다.

★★★★☆

도쿄도 다이토구 하나카와도 2초메 18-6 ☎ 03-5828-3787

영업시간 10:00~18:00 (연중무휴)

교토의 스케로쿠즈시 전문점,
나카무라야

교토의 이나리즈시 맛은 어떨까? 교토에서 이나리즈시로 꼽히는 스시집은 나카무라야中村屋다. 그런데 이곳은 특이하게도 이나리즈시와 마키즈시가 함께 들어간 '스케로쿠즈시助六寿司' 딱 하나의 메뉴만 판매하는 곳이다. 아마도 이 이름을 처음 듣는 사람들은 '스케로쿠즈시가 뭐지?' 하며 궁금해할 텐데, 스케로쿠즈시는 편의점에도 있을 정도로 일본 사람들에게는 매우 친근한 스시다. 그런데 이나리즈시와 마키즈시를 묶은 이 음식을 왜 '스케로쿠'라고 부르게 된 것일까? 그 유래는 일본 전통극인 가부키와 관계가 있다. 가부키의 인기 작품 중 하나인 〈스케로쿠유카리노에도자쿠라助六由縁の江戸桜〉의 주인공 이름이 스케로쿠이며, 그의 연인이 요사와라吉原 유곽의 기생 아게마키揚巻다. 그런데 그녀의 이름 아게마키는 일본어로 '튀긴 것'을 가리키는 아게揚げ, '만 것'을 가리키는 마키巻き와 발음이 같다. 그래서 두부를 튀긴 유부로 만든 이나리즈시와 김으로 만 마키즈시가 함께 있는

스시를 '스케로쿠즈시'라고 부르게 된 것이다.

나카무라야의 스케로쿠즈시를 먹으려면 적어도 하루 전에 예약 주문을 하고, 본인이 직접 찾으러 가야 한다. 나는 가게 모습이 궁금해 직접 찾아가 예약을 하려고 교토역에서 게이한선京阪線을 타고 데마치야나기역出町柳駅에서 내렸다. 잰걸음으로 5분 정도 걸어가자 조용한 주택가가 나오고, 다시 작은 골목으로 들어가니 오랜 연륜이 느껴지는 허름한 집이 보이고 자그마한 문패에 '中村屋'라고 쓰여 있다. 문을 열고 들어가자 중년 남성이 방에서 나온다. 사실 이곳은 한 가지 메뉴밖에 없기 때문에 고르고 자시고 할 게 없다. 그에게 "스케로쿠 하나 주문하러 왔다."고 하자 그가 언제 찾아갈 것인지를 묻는다. "내일 오전 11시에 찾으러 오겠습니다."라고 말하고 가게를 나왔는데, 주인아저씨가 매우 친절해 스케로쿠즈시의 맛이 더욱더 궁금해졌다.

다음 날, 예약한 시간에 나카무라야를 다시 찾았더니, 이번에는 나이 든 여성이 나와 내가 주문한 스케로쿠즈시를 내준다. 아마도 어제 만난 중년 남성의 어머니인 것 같다. 스케로쿠즈시의 가격은 945엔. 호텔로 돌아와 스시가 든 상자를 열어보니 이나리즈시 3개와 갓파마키 6개, 다쿠앙마키 3개가 가지런히 놓여 있다. 이나리즈시는 도쿄에서 먹어본 시노다즈시의 이니리즈시와 달리 삼각형이었으나 유부가 밥을 완전

中村屋
万里小路今出川上ル
中村屋
(781) 4048

히 감싸고 있는 모습이나 촉촉한 질감은 비슷했다. 그리고 초밥의 간은 그리 강하지 않은 편이었고, 유부는 꽤 달았지만 고급스러운 단맛인 데다 엿과 같은 달작지근함도 조금 느껴졌다. 이어 갓파마키를 한 점 먹어보니 아삭한 오이의 식감이 매력적이었고, 다쿠앙마키에 들어 있는 약간 짭짤한 맛의 단무지도 씹는 맛이 좋았다. 이곳의 이나리즈시도 단맛이 강했지만 갓파마키와 다쿠앙마키를 번갈아 먹으니 간이 딱 맞게 느껴졌다. 아마도 이런 이유 때문에 스케로쿠즈시가 인기가 있는 것 같다.

나카무라야는 스케로쿠즈시의 맛도 좋았지만 스케로쿠즈시 하나로 50년 이상 영업을 이어가고 있다는 사실이 더 놀라웠다. 물론 이 집은 완전 예약제인지라 외국인 여행객들이 이용하기가 쉽지 않지만 이니리즈시와 마키즈시가 함께 담겨 있는, 평범한 듯 신선한 스케로쿠즈시를 맛보려면 한 번 도전할 만하다.

★★★★☆

교토부 교토시 사쿄구 다나카오이초 145 ☎ 075-781-4048

영업시간 10:00~17:00 (연중무휴)

회전스시의 원조,
간소 마와루겐로쿠 덴로쿠점

회전스시의 발상점인 간소 마와루겐로쿠元祖廻る元禄의 모습이 궁금해 오사카로 갔다. 저녁 7시가 조금 넘은 시간에 지하철을 타고 덴진바시로쿠초메역天神橋筋六丁目駅에서 내려 역사와 연결된 덴진바시로쿠초메 상점가로 걸음을 옮기자 바로 상가 초입에 '간소 마와루겐로쿠元祖廻る元禄'(마와루廻る는 '돌다'라는 뜻)의 간판이 보였다.

식당은 그리 크지 않았고 요즈음 일본 대도시에서 유행하는 대형 회전스시집의 화려함은 없었지만 옛날 회전스시집 분위기가 물씬 풍겨 오히려 정다운 느낌이 들었다. 나는 자리에 앉아 녹차를 준비해놓고, 종업원에게 맥주 한 병을 주문했다. 회전스시집에는 대체로 자리마다 녹차가 준비되어 있어 원하는 티백을 골라 잔에 넣고 자리마다 설치된 수도꼭지를 틀어 뜨거운 물을 부으면 된다.

보통 회전스시집의 가격대는 스시 한 접시에 100엔부터 500엔대까지 매우 다양한데, 이곳에는 143엔짜리와 171엔짜리, 231엔짜리 접시밖에 없었다. 이는 고급 스시는 없다는 뜻이지만, 거꾸로 생각하면 저렴한 가격으로 스시를 즐길 수 있다는 말이다. 나는 일단 컨베이어벨트에서 돌고 있는 스시를 한번 살펴보고 엔가와(광어 지느러미) 스시, 참치 아카미 스시, 오징어 스시를 차례로 맛보았다. 그러고 나서 도미 스시가 먹고 싶어 요리사에게 직접 주문했는데, 재료가 다 떨어졌다고 한다. 대신 방어 스시를 따로 주문해 먹었는데, 역시나 기름기가 살짝 느껴져 고소했다. 이어 정어리 스시도 따로 주문해서 먹고, 컨베이어벨트에서 참치 스시, 문어 스시, 피조개 스시, 전갱이 스시, 붕장어 스시를 골라 맛보았다.

회전스시집에서는 컨베이어벨트에서 돌고 있는 스시를 먹어도 되지만, 자신이 원하는 게 있으면 요리사에게 말하면 바로 만들어주기도 한다. 간소 마와루겐로쿠 같은 옛날 방식의 스시집에서 요리사에게 스시를 주문하려면 일본어로 스시 이름을 알아야 하지만, 요즘 대도시에서 볼 수 있는 회전스시집에서는 한국어가 지원되는 태블릿 메뉴로 쉽게 주문할 수 있다.

시간을 보니 딱 30분 동안 맥주 한 병과 열 가지 스시를 먹었다. 조금 더 정확히 이야기하자면 143엔짜리 스시 여섯 접시와 171엔짜리 스시 네 접시를 먹고, 맥주 한 병(630엔)을 마셨는데, 합계 2,172엔이 나왔다. 스시로만 따지자면 1,500엔

元祖
廻る®元禄寿司®
【職人が握るお寿司】
お持ち帰りも時間に合わせて
お作りします
元祖 廻る 登録商標
元禄寿司
うなぎづくし
お持ち帰り

조금 더 나온 것이니, 이 정도면 아주 괜찮은 저녁 식사였다고 할 수 있다. 사실 스시의 질로만 따지자면 '그럭저럭'이라고 말할 수 있지만 가성비가 좋았고, 무엇보다 좋았던 것은 일본 최초의 회전스시집에서 스시를 먹었다는 것이었다. 관광객들이 몰리는 도쿄나 오사카 같은 대도시에 있는 대형 회전스시집은 항상 긴 줄이 늘어서 있고, 다소 번잡스러운 분위기에서 스시를 먹어야 하는데, 이곳은 보다 조용한 분위기에서 스시를 먹을 수 있는 것도 매우 좋았다.

간소 마와루겐로쿠가 있는 덴진바시로쿠초메 상가는 지하철 두 정거장에 걸쳐 있을 정도로 매우 길고, 사이사이에 난 골목에는 술집도 많다. 마와루겐로쿠에서 가볍게 스시를 먹고 근처 술집으로 2차를 가도 좋을 듯하다.

★★★

오사카부 오사카시 기타구 덴진바시 6초메 7-24 ☎ 06-6352-1190

영업시간 11:15~22:30 (주말과 공휴일은 11:00 영업 개시, 연중무휴)

회전스시 전문 프랜차이즈,

구라스시

요즘 한창 번성하고 있는 회전스시 전문 프랜차이즈인 구라스시くら寿司는 후쿠오카에서 찾아갔다. 구라스시는 1995년에 오사카에서 사업을 시작해 일본 전역을 비롯해 해외까지 500여 곳의 매장을 가진, 그야말로 초대형 회전스시 전문점이다. 한 가지 흥미로운 사실은 또 다른 대형 스시 프랜차이즈인 스시로スシロー도 오사카에서 처음 시작한 스시 전문점이라는 것이다.

나는 음식점이든 술집이든 대형 매장은 좋아하지 않지만, 요즘 일본 식문화의 변화도 경험할 겸 후쿠오카 번화가인 나카스中洲에 있는 구라스시를 찾아갔는데, 늦은 저녁 시간임에도 긴 줄이 늘어서 있었고, 한국인 여행객들도 매우 많은 것 같았다. 이곳은 먼저 번호표를 뽑고 순서를 기다려야 하기에 나도 안으로 들어가 번호표를 들고 나와 한 시간 정도 밖에서 기다리다가 내 차례가 되었을 때 다시 매장으로 들어갔다. 오사카의 간소 마와루겐로쿠와 비교하면 엄청난 규모였는데,

일반적인 회전스시집과 달리 스시 요리사가 스시 쥐는 모습을 볼 수 있는 구조도 아니었다.

젊은 종업원의 안내에 따라 테이블에 자리를 잡고 식당을 둘러보니 2단 컨베이어벨트의 아랫단에서는 일반 회전스시집처럼 주방에서 만든 스시가 돌고 있었고, 손님이 따로 주문한 스시는 윗단에서 배달되고 있었다. 이곳 또한 여느 대형 스시 전문점처럼 태블릿에 일본어뿐 아니라 한국어, 영어 등으로 메뉴가 안내돼 있어 쉽게 스시를 고르고 주문할 수 있었고, 전통적인 스시부터 새로운 형태의 스시까지 종류가 매우 많았다. 매장 입구에 '100엔 스시'라고 적혀 있듯이 가성비도 매우 훌륭했다.

당시 지인 한 명과 함께 갔었는데, 태블릿을 보고 신나게 스시를 골라댔더니 잠시 후에 스시가 담긴 접시들이 계속 휙휙 컨베이어벨트를 타고 우리 앞으로 배달되었다. 다만 옛날 회전스시집과 달리 누가, 어디서, 어떻게 이 스시를 만드는지 알 수 없어 조금 답답한 기분이 들었다. 스시 나오는 속도가 빠른 편이라 30분도 지나지 않아 배가 꽉 차고 말았다.

그런데, 배는 부르지만 마치 공장에 들어가 허겁지겁 스시를 먹고 나온 기분이 들어 그리 마음이 흡족하지는 않았다. 하지만 이건 어디까지나 내 취향일 뿐이고, 이곳 구라스시처럼 주문도 편리하고 가성비가 좋은 스시집이 늘어나는 것도 시대의 흐름이 아닐까.

★★★

후쿠오카현 후쿠오카시 하카타구 나카스 3초메 7-24 Gate's 3층 ☎ 092-409-9552

영업시간 11:00~24:00 (연중무휴)

洋食

요쇼쿠, 일본에서 만들어진 서양 음식

일본에 유럽인이 들어온 것은 무로마치 시대(1338~1573) 말기였다. 먼저 포르투갈인들이 1543년 규슈 남쪽 다네가시마種子島에 상륙했고, 이어 스페인 사람들이 1587년에, 그리고 네덜란드인들은 1609년에 일본에 들어왔다. 이윽고 1853년에 미국의 매슈 페리Matthew Perry 제독이 이끄는 네 척의 군함이 에도 만 우라가 항浦賀港 앞에 나타났는데, 이는 메이지 시대에 이르러 개국의 계기가 되었다.

이후 일본의 항구도시에 외국인 거류지가 만들어지고 외국인 요리사가 운영하는 레스토랑이 잇따라 문을 열면서 '세이요료리西洋料理'라 불리는 서구 음식들이 소개되었다. 이후 돈가스, 고로케(크로켓croquette), 햄버거, 카레라이스(라이스 커리rice curry), 도리아(쌀 그라탕), 캐비지 롤, 스파게티 나폴리탄,

오므라이스 같은 서양풍 새로운 음식이 등장하기 시작했는데, 이러한 음식을 일본 전통 음식을 이르는 '와쇼쿠和食'에 대비하여 '일본에서 만들어진 서양 음식'이라는 뜻으로 '요쇼쿠洋食'라고 불렀다.

흥미로운 것은, 요쇼쿠가 서양의 음식을 모방하여 만들어졌지만 서구에는 없는 '일본식 서양 음식'이라는 점이다. 한편, '요쇼쿠'라는 말이 처음으로 문헌에 나타난 것은 1872년(메이지 5)이었다.

일본인의 소울푸드가 된 요쇼쿠, 돈가스

요쇼쿠 중 가장 대표적인 음식을 꼽으라면 단연 돈가스豚カツ다. 특히 돈가스는 일본인이 새로운 서양 음식을 받아들여 어떻게 자신들만의 음식으로 만들어갔는지 잘 보여주는 음식이라고 할 수 있다.

돈가스는 이름에서 알 수 있듯이 돼지를 뜻하는 일본어 돈豚과 영어 커틀릿cutlet을 줄인 '가쓰カツ'가 합쳐져 만들어진 말이다. 커틀릿은 원래 프랑스어 코틀레트côtelette를 영어로 옮긴 것인데, 이 음식은 뼈에 붙어 있는 송아지고기나 양고기에 소금과 후추로 밑간한 후 밀가루, 달걀노른자, 빵가루를 입혀 버터를 두른 프라이팬에서 갈색이 나게끔 양면을 구운 것이다. 이 음식을 일본에서는 '가쓰레쓰カツレツ'라고 불렀으며, 메이지 시대 초기에는 쇠고기와 닭고기로 만든 '비프 가쓰레쓰'(규카쓰牛カツ라고도 한다)와 '치킨 가쓰레쓰'도 등장했다. 그러나 이들은 후에 등장한 포크 가쓰레쓰와 달리 널리 보급되지는 않았다.

포크 가쓰레쓰는 1899년 도쿄 긴자銀座에 있는 양식집 렌가테이煉瓦亭에서 첫 모습을 보인 것으로 알려져 있는데, 당시 렌가테이에서는 서양식 커틀릿이 일본 사람들의 입맛에는 너무 기름지다고 생각해 팬 프라잉fan frying 대신 덴푸라를 튀기는 것과 같은 딥 프라잉deep frying으로 튀김 방식을 바꾸었고, 비싼 송아지고기 대신 비교적 값이 싼 돼지고기를 사용했다. 또한 중일전쟁에 요리사들이 징집되어 주방 일손이 부족해진 탓에 샐러드 대신 잘게 썬 양배추를 밥과 함께 내놓는 등 자신들만의 조리법을 개발해 '포크 가쓰레쓰'라는 이름을 붙인 음식을 내놓았다.

이 포크 가쓰레쓰는 1907년부터 본격적으로 유행하기 시작해 다이쇼 시대(1912~1926)에는 카레라이스, 고로케와 더불어 3대 양식의 하나로 자리 잡았으며, 1929년에는 도쿄 우에노 지역에서 돼지고기를 두툼하게 썰어서 튀긴 '돈가스'가 판매되기 시작했다.

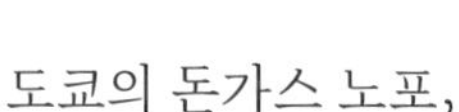

도쿄의 돈가스 노포,
폰타혼케

도쿄의 JR오카치마치역JR御徒町駅에서 3분 거리에 있는 폰타혼케ぽん多本家는 1905년(메이지 38) 문을 열어 2023년에 창업 118년을 맞이한 요쇼쿠 노포 가운데 하나로, 지금은 4대째가 경영을 맡고 있다.

돈가스의 노포로 꼽히는 가게이니만큼 언제나 문전성시다. 개점 시간을 알아보니 오전 11시라고 해, 그보다 조금 일찍 도착해 밖에서 기다리면서 문 열기를 기다렸다. 11시가 되자 젊은 직원이 묵직한 나무문을 열어 젖히며 안으로 들어오라고 한다. 그를 따라 들어갔더니 먼저 자그마한 카운터석이 눈에 들어오고, 그 뒤에서 하얀 조리복을 입은 중년 요리사가 공손하게 손님들을 맞이하고 있었다.

2층에는 7개의 테이블이 놓여 있었으나 사람들이 한 명씩 들어오더니 개점 30분도 되지 않아 만석이 되었다. 아마도 이들도 나처럼 점심시간을 피해 일찍 온 것 같은데, 모두 중년 손님이다. 나는 잽싸게 메뉴를 보고 폰타혼케의 대표 음식인 가

쓰레쓰カツレツ와 함께 고항ご飯, 아카다시赤だし(핫초미소八丁味噌[i]를 섞어 끓인 된장국), 오신코를 주문했다. 옆 테이블에 앉아 있는 사람들도 모두 이렇게 주문하는 걸 보니 많은 사람들이 옛 돈가스의 맛을 즐기려 이 집을 찾는 것 같다.

한 10분 기다리자 음식이 나왔다. 그런데 돈가스(가쓰레쓰)의 색깔이 이제껏 보아왔던 것과 달리 매우 밝고 옅은 노란색이다. 보통 돈가스는 고기가 두툼해 속까지 익히려면 진한 갈색이 날 때까지 튀겨야 하는데 말이다. 맛이 궁금해 한 점을 먹어보니 돼지고기에는 거의 간이 되어 있지 않았으며, 고기는 꽤 두툼했지만 매우 부드러워 바삭한 식감의 빵가루 튀김옷과 잘 어울렸다. 소스에서는 간장에 약간의 우스터소스를 섞은 맛이 느껴졌는데, 맛이 그리 강하지 않아 돼지고기의 심심한 맛과 잘 맞았다. 그리고 아주 가늘게 채 썬 양배추가 듬뿍 제공되어 튀김의 기름기를 잘 잡아주었다. 그런데 아마도 요즈음의 돈가스 맛에 익숙한 사람들은 "맛이 너무 밋밋한 거 아냐?"라고 말할지도 모르겠다. 그만큼 이곳 돈가스는 전체적으로 점잖고 건강함이 느껴지는 맛이었다.

식사를 마치고 1층으로 내려오면서 보니, 나이 지긋한 요

i 쌀 누룩이나 보리 누룩 대신 콩 누룩으로 만든 일본식 된장. 에도 시대에 아이치현 오카자키 시岡崎市의 '핫초'라는 마을에서 생겨나 '핫초미소'라는 이름이 붙었다.

리사가 자그마한 둥근 냄비에 돈가스를 하나씩 튀겨내면서 계속 기름에서 빵가루를 걸러내고 있다. 조금 전에 먹은 깔끔한 돈가스가 어떻게 만들어졌는지 알 수 있었다.

여러 면에서 노포의 품격이 느껴지는 집이었는데, 사실 돈가스 가격은 3,850엔(밥·아카다시·오신코 세트는 550엔)으로 조금 비싼 편이지만 두툼한 돼지고기와 오랜 역사가 만들어낸 돈가스를 맛보고 나니 그 정도 돈을 지불하는 것이 아깝지는 않았다.《미슐랭 가이드》빕 구르망의 맛집.

★★★★☆

도쿄도 다이토구 우에노 3초메 23-3 ☎ 03-3831-2351

영업시간 11:00~13:45, 16:30~19:45(일요일 16:00~19:45, 월요일 휴무)

나고야 미소카쓰의 원조,
야바톤 야바초본점

나고야에는 다른 곳에서는 맛볼 수 없는 나고야만의 독특한 돈가스가 있는데, 바로 나고야(를 비롯한 아이치현)의 특산품인 핫초미소가 들어간 돈가스인 미소카쓰味噌カツ다. 미소카쓰는 나고야의 명물 음식인지라 나고야에서 미소카쓰를 먹을 수 있는 곳은 매우 많지만 나는 '나고야 미소카쓰의 원조'라고 알려진 야바톤矢場とん 본점을 찾아가기로 했다.

나고야 지하철 야바초역矢場町駅에서 내려 잠시 길을 걸으니 넓은 사거리 건너편에 야바톤 건물과 야바톤의 마스코트 부짱ぶーちゃん의 모습이 눈에 들어왔다. 개점 시간인 오전 11시가 되지 않았는데도 30명이 넘는 사람들이 줄을 서 있어 나도 긴 행렬에 합류했다.

잠시 후 젊은 종업원이 나와 메뉴를 나누어주기에 한번 메뉴를 주욱 훑어보고 나서 야바톤의 인기 1위인 메뉴인 '와라지 돈가스わらじとんかつ'(와라지草鞋는 커다란 짚신을 이르는 말) 데이쇼쿠(1,900엔, 단품은 1,470엔)를 골랐다.

다행히 개점 시간이 되자 긴 줄이 확 줄어들어 5분 후에는 카운터석에 자리를 잡을 수 있었다. 카운터 위에는 야바톤의 역사를 보여주는 사진들이 붙어 있다. 야바톤은 1947년(쇼와 22)에 창업했으며, 당시 야바톤의 점주가 나고야의 또 다른 명물 음식인 미소 구시카쓰味噌串カツ(된장 꼬치튀김)에 착안해 돈가스에 핫초미소를 뿌려 내놓은 것이 인기 메뉴가 되어 오늘날에 이르게 되었다는 설명도 붙어 있다.

음식이 나올 때까지 주방에서 일하는 모습을 지켜보았다. 이곳 주방에는 튀김옷을 입은 돼지고기가 층층이 쌓여 있고, 음식 주문이 들어오면 젊은 요리사 세 명이 돈가스를 척척 튀겨내 바로 소스를 뿌려 손님에게 내놓는다. 잠시 후 내 앞에도 커다란 돈가스가 놓였다. 그런데 소스의 색깔이 꽤 진해 혹시 짜지는 않을지 조금 걱정이 되었으나 다행히 소스의 맛은 색깔에 비해 그렇게 강하지 않고 짜지도 않았다. 이곳의 돈가스는 도쿄의 폰타혼케처럼 바삭하지는 않지만 고기에 지방이 알맞게 끼어 있어 전체적으로 고소한 맛이 돋보였고, 두툼한 돼지고기는 매우 부드러웠다. 무엇보다 돈가스 위에 듬뿍 뿌려진 미소 소스가 밥과 잘 어울렸다. 테이블에는 이치미一味(고춧가루), 참깨, 겨자[i]가 놓여 있어 입맛에 맞게 돈가스에 뿌려 먹으면 된다. 그리고 이곳에서는 양배추와 밥은 얼마든지 무료로 추가[ii]가 가능하다.

矢場とん
お持ち帰りは
萬松寺

야바톤은 나고야뿐 아니라 일본 여러 곳에 지점을 두고 있어 도쿄를 비롯한 대도시에서는 어렵지 않게 야바톤의 미소 돈가스를 즐길 수 있다.

★★★★☆

아이치현 나고야시 나카구 오스 3초메 6-18 ☎ 050-5494-5371
영업시간 11:00~21:00 (연중무휴)

i (앞쪽) 일본어로는 가라시からし(カラシ, 芥子, 辛子로도 표기)다. 반면, 고추는 とうがらし, 唐辛子, 唐芥子, 蕃椒로 표기한다. 모두 '맵다, 얼얼하다'라는 뜻의 형용사 가리이辛い에서 비롯된 말이다.

ii (앞쪽) 일본에서는 음식을 더 달라고 하는 것(한국식 표현으로 '리필')을 '오카와리おかわり'(お代わり 또는 お替わり로도 표기)라고 한다. 그러니까 야바톤에서는 '밥과 양배추의 오카와리는 무료'라는 뜻이다.

값싸게 돈가스를 즐길 수 있는

가쓰야

가쓰야かつや는 규동 프랜차이즈인 요시노야처럼 돈가스를 값싸게 먹을 수 있는 돈가스 전문 프랜차이즈다. 따라서 도쿄 같은 대도시에는 가쓰야 매장이 여러 곳 있지만, 나는 JR오카치마치역 바로 앞에 있는 가쓰야를 찾기로 했다. 우에노역과 전철로 한 정거장 떨어진 오카치마치역 앞에는 가쓰야뿐 아니라 규동 프랜차이즈인 스키야すき家와 덴동 프랜차이즈인 덴야도 있고, 우에노 아메야요코초アメヤ横丁(흔히 '아메요코초'로 불리는 도쿄 최대의 재래 시장) 방향으로 조금만 더 걸어가면 요시노야도 눈에 들어온다. 일본 사람들이 일상에서 즐기는 음식이 모두 모여 있는 듯하다.

가쓰야는 여느 프랜차이즈 음식점처럼 캐주얼한 분위기에 넓은 카운터석을 갖추고 있는 데다 종업원의 밝은 표정과 활기찬 분위기가 매우 마음에 들었다. 돈가스 전문점답게 로스카쓰 데이쇼쿠ロースカツ定食(등심 돈가스 정식), 가쓰동カツ丼(돈가스 덮밥), 에비로스카쓰 데이쇼쿠エビ・ロースカツ定食(새우

튀김과 등심 돈가스 정식) 등 돈가스 메뉴가 매우 다양했는데, 나는 로스카쓰 데이쇼쿠를 골랐다. 가격은 720엔.

여기서 잠깐, 로스카쓰와 히레카쓰의 차이점에 관해 알아보자. 돈가스에 많이 사용되는 돼지고기 부위는 등심과 안심인데, 일본에서는 등심으로 만든 돈가스를 '로스카쓰'(로스ロース는 영어 pork roast에서 따온 말), 그리고 안심으로 만든 돈가스를 '히레카쓰'(히레ヒレ는 영어 pork fillet에서 따온 말)라고 부른다. 일반적으로 등심은 지방층을 끼고 있는 데다 운동량이 많은 부위라 씹는 맛과 고소함이 두드러지고, 안심은 지방질이 적고 운동량이 적은 부위라 부드러운 식감이 특징이다. 따라서 부드러운 맛의 돈가스를 좋아한다면 안심으로 만든 히레카쓰를, 씹는 맛을 선호한다면 등심으로 만든 로스카쓰를 선택하는 게 좋다. 일반적으로 히레카쓰가 로스카쓰보다 좀 더 비싸다.

주문한 로스카쓰 데이쇼쿠가 나왔다. 고기 두께는 꽤 두툼한 편이고, 폰타혼케의 가쓰레쓰나 나고야의 미소카쓰보다 바삭거리는 식감이 느껴졌다. 그리고 테이블 위에 놓여 있는 돈가스 소스는 드미글라스demi-glace(프랑스 전통 요리에서 유래한 갈색의 진한 소스)의 맛이 돋보였다. 전체적인 평을 하자면, 돈가스의 맛은 꽤 좋은 편이었고 함께 곁들여 나온 돈지루豚汁(돼지고기와 채소가 들어간 된장국)도 맛있었다. 가성비 좋은 돈가스집으로 추천.

★★★★

도쿄도 다이토구 우에노 5초메 20-3 ☎ 03-6806-0579

영업시간 10:30~23:00 (연중무휴)

돈가스의 변신, 가쓰동

밥 위에 돈가스를 얹은 가쓰동カツ丼은 돈가스가 인기를 끌면서 새롭게 만들어진 음식이다. 가쓰동은 일본인들이 즐겨 먹는 돈부리 가운데 하나이지만, 돈가스가 대표적인 요쇼쿠이므로, 가쓰동 역시 요쇼쿠라고 보는 게 맞을 듯하다.

가쓰동의 기원에 관해서는 여러 설이 있지만, 1995년 야마나시현의 한 신문에 실린 기사에 따르면 "메이지 30년대 후반에 야마나시현의 고후 시甲府市에 있는 노포 오쿠무라奥村 본점에서 가쓰동을 제공했다."고 한다. 이를 통해 적어도 1890년대 후반에서 1900년대 초반에 고후 지역에 가쓰동이 있었다는 것을 알 수 있다. 또 다른 설도 있다. 후쿠이현福井県 출신의 다카바다케 마스타로高畠増太郎라는 사람이 도쿄 신주쿠에 있는 와세다 대학 앞에 음식점을 열고 1913년에 도쿄에서 열린 요리 발표회에서 처음으로 가쓰동을 선보였다는 설, 1922년에 와세다 고등학원의 학생이었던 나카니시 게이지로中西敬二郎가 가쓰동을 고안했다는 설, 1921년에 오사카에서 달걀을 얹은 가쓰동이 등장했다는 설 등이다.

가쓰동의 유래가 어떠하든, 오늘날 가쓰동은 두 가지 형태가 있다는 것을 알아두어야 한다. 그 가운데 하나는 돈가스 위에 소스를 뿌려 내는 '소스 가쓰동ソースカツ丼'이며, 다른 하나는 돈가스에 달걀을 풀어 올린 '다마고토지 가쓰동卵とじカツ丼'이다. 이 가운데 다마고토지 가쓰동은 빵가루를 입혀 튀긴 돈가스를 양파, 육수, 설탕, 간장과 함께 끓인 후 달걀을 풀어 서로 엉기게 해 밥 위에 얹어 내는 요리이며, 소스 가쓰동은 밥 위에 돈가스를 올리고 여기에 약간의 단맛을 더하기 위해 우스터소스를 뿌린 음식이다. 보통 가쓰동 하면 다마고토지 가쓰동을 말하지만, 소스 가쓰동 또한 후쿠이현에서 유행해 지금은 일본 어느 곳에서나 맛볼 수 있는 음식이 되었다.

50년 역사를 지닌 다마고 가쓰동의 노포,

돈키

다마고토지 가쓰동을 맛보기 위해 찾아간 곳은 도쿄 긴자의 노가쿠도빌딩銀座能樂堂ビル 지하 1층에 있는 돈키とん㐂다. 사실 도쿄만 하더라도 다마고 가쓰동을 먹을 수 있는 곳은 매우 많고, '돈키'라는 이름을 가진 유명 식당도 있다. 아마도 한자 㐂(喜와 같은 글자)의 일본어 발음이 키き로, 일본에

'돈키'라는 이름을 가진 돈가스집이 많은 것은 '돼지(또는 돈가스)가 좋다'는 의미가 되기 때문인 것 같다.

나는 사람들로 북적이지 않는 조용한 분위기에서 옛 가쓰동의 맛을 보기 위해 다마고 가쓰동의 노포인 이곳을 찾았는데, 내 예상대로 나이 지긋한 부부가 운영하고 있어서인지 식당 분위기는 차분했다.

자리에 앉아 식당 안을 둘러보니 주방을 끼고 카운터석이 길게 이어져 있고, 다른 한쪽에는 테이블이 6개 놓여 있다. 주방에서는 70대로 보이는 남성이 열심히 음식을 준비하고 있었고, 허리가 조금 굽은 여성이 여기저기 오가며 손님들을 접대하느라 매우 바쁜 모습이었는데, 바로 이 식당을 꾸려온 부부였다.

가게 안은 직장인으로 보이는 사람들로 가득 차 있었고, 혼자 와서 밥을 먹는 이들도 제법 많았다. 아마도 혼자 밥 먹기에 편한 분위기라서 그런 것 같다. 식당 벽에 적힌 메뉴를 보니 돈가스, 가쓰동, 가쓰카레동 등 돈가스와 관련된 메뉴가 많다. 나는 가쓰동(1,150엔)과 함께 맥주 한 병, 오이 절임을 주문했는데, 잠시 후에 안주인이 오이 절임을 가져다주면서 "늦어서 죄송합니다."라고 말한다. 나에게만이 아니라 다른 테이블에 가서도 "죄송합니다, 죄송합니다."라는 말을 계속 하고, 손님들은 "아뇨, 괜찮습니다."를 반복했다. 그 모습이 흥미롭

기도 하고 안주인의 모습이 조금 짠하기도 했다. 직원을 두지 않고 혼자 서빙을 하다보니 그럴 수밖에 없을 듯한데, 그날 밤에만 "죄송하다."는 말을 수십 번 들어 내가 미안할 지경이 되었다. 어쨌든 매우 친절한 분이었다.

오이 절임을 안주 삼아 맥주를 마시다보니 가쓰동이 테이블에 놓였다. 먼저 돈가스를 감싸고 있는 양파와 달걀은 달달하고 부드러웠고, 돼지고기는 상당히 두툼했지만 전체적으로 돼지고기 특유의 연한 질감이 느껴졌다. 맛도 꽤 만족스러웠지만 무엇보다도 다마고토지 가쓰동의 원형을 확인할 수 있는 한 끼였다.

식사를 마치고 나서 안주인에게 "잘 먹었습니다."라고 인사를 건네자 그녀는 "지금까지 한 장소에서 52년 장사를 했는데, 앞으로 딱 2년만 더 할 거예요."라고 한다. 그 말을 듣고 나니 조금 전에 먹은 가쓰동의 맛을 오랫동안 기억해야겠다는 생각이 들었다.

★★★★☆

도쿄도 주오구 긴자 6초메 5-15 긴자노가쿠도빌딩 지하 1층 ☎ 03-3572-0702
영업시간 11:30~14:00, 17:00~21:00 (토요일 휴무)

세련된 분위기의 소스 가쓰동 전문점,

소스안

이번에는 소스 가쓰동을 먹기 위해 도쿄 지하철 미쓰코시마에역三越前駅에서 가까운 소스안奏す庵을 찾았다. 원래 소스안은 신주쿠구 와세다 지역에 있던 아주 작은 식당이었는데, 2022년에 지금의 자리로 옮겼다. 10개 정도의 테이블이 놓인 가게 안에는 바bar처럼 꾸며놓은 공간이 있고 은은한 재즈 음악이 흘러나와 마치 재즈바에 들어온 듯했다. 아마도 점심시간에는 젊은 직장인이 많이 찾아올 것 같다. 그런데 내가 찾아간 날이 일요일 저녁 시간이라서 그런지, 아니면 새로운 장소로 옮긴 지 얼마 되지 않아서인지 손님은 나 혼자뿐이었다.

사실 처음에는 이곳에서 간단하게 가쓰동 한 그릇만 먹을 생각으로 왔는데, 재즈바 분위기에 홀린 데다 술 종류도 많이 갖추고 있다. 그냥 지나칠 수가 없어 먼저 블랙 니카Black Nikka 하이볼을 한 잔 주문했다. 소스안의 소스 가쓰동은 이곳의 플래그십 메뉴인 와세 가쓰동ワセカツ丼, 베지 가쓰동ベジカツ丼,

와세카쓰 데이쇼쿠 등이 있는데, 나는 두툼한 돈가스 2개와 얇은 돈가스 3개가 올라간 와세 가쓰동(1,100엔)을 주문했다.

잠시 후 소스 가쓰동을 받아들고 먼저 얇은 돈가스를 한 점 베어 물었더니 나도 모르게 "요거 요물이네!"라는 말이 튀어나왔다. 술안주로도 잘 맞은 것 같다는 생각이 들어 하이볼과 함께 먹어보니 역시나 둘의 궁합이 아주 좋았다. 두툼한 돈가스도 비슷한 맛이었으나 돼지고기의 식감이 확실하게 느껴졌다. 소스 가쓰동에서 중요한 것은 소스의 맛! 이곳의 돈가스 소스는 달달한 게 맛났다. 게다가 무 쓰케모노와 배추를 넣은 미소시루도 함께 나와 식사로도 매우 훌륭했다.

음식을 먹고 나니 식당 한쪽을 바처럼 꾸며놓은 이유를 알 것 같았다. 돈가스는 음식으로뿐 아니라 술안주로도 아주 좋으니 말이다. 식당의 분위기도 매우 세련되고, 가쓰동의 맛도 매우 좋은 소스 가쓰동 전문점으로 강추.

★★★★★

도쿄도 주오구 니혼바시무로마치 2초메 1-1 니혼바시미쓰이타워 지하 1층

☎ 03-6262-6842

영업시간 11:00~22:00 (일요일 11:00~20:30)

SAUCE UN
NEW
OPEN
い、タレでもない
ースのカツ丼が
から日本橋に進出！
2022. 5. 25.WED
ノ丼 奏す庵
タワーB1F タワーダイニング内
03-6262-6842

인도 음식도 영국 음식도 아닌 일본 음식, 카레라이스

카레라이스カレーライス 또한 일본의 '국민 음식'이라고 불러도 과언이 아닐 만큼 많은 사랑을 받고 있는 음식이다. 실제로 일본 사람들은 일상식으로 라멘, 덴푸라나 스시보다 카레라이스를 더 자주 먹는다고 한다.

일본 카레의 역사를 들여다보면 대체로 에도 시대 후반에서 메이지 초기에 영국인에 의해 영국식 커리curry가 일본으로 전해졌다는 게 통설로 받아들여진다. 1872년(메이지 5)에 일본 요리책에 처음으로 '라이스 카레raisu karē'라는 이름이 등장했다. 이 책에서는 처음부터 카레를 밥과 함께 먹는 '서양 음식'으로 소개했으며, 또한 일본어로 '밥'을 의미하는 '고항ご飯' 대신 영어 rice를 가타카나 ライス(라이스)로 표기해 카레의 이국성을 강조했다.

이후 카레라이스는 육군의 점심 메뉴에 올랐으며, 해군에서도 병사들의 각기병 예방을 위해 카레라이스를 주식으로 제공했다. 카레라이스가 일본 군대에서 좋은 반응을 얻자 학교에서도 급식 메뉴에 올려 큰 인기를 얻었다. 하지만 메이지 시대에 카레라이스는 서양 요리를 전문으로 하는 레스토랑에서만 먹을 수 있는 고급 요리였다.

그러다 다이쇼 시대 말기인 1926년에 식품회사 '하우스 푸드House Foods'에서 인스턴트 카레 루roux를 분말 형태로 내놓으면서 많은 사람들이 카레를 저렴하게 즐길 수 있게 되었다. 이어 1956년에 '에스앤비 푸드S&B Foods'에서 블록 형태의 인스턴트 믹스 카레 루(고형 카레)를 개발해 누구나 쉽게 집에서 카레라이스를 만들 수 있게 되면서 1960년대 후반에는 카레의 대중화 시대가 열렸다.

이와 함께, 일본식 카레뿐 아니라 인도, 네팔, 태국 등 각 나라의 다양한 카레를 즐길 수 있는 카레 전문점도 늘어나면서 카레는 일상의 가정식뿐 아니라 외식으로도 일본인들이 가장 즐기는 음식 중 하나로 자리 잡게 되었다.

일본식 카레라이스를 값싸게 즐길 수 있는

'커리 하우스 코코 이치방야'

일본식 카레라이스가 궁금하다면 '코코 이치방CoCo 壱番' 또는 '코코 이치CoCo 壱'로 알려진 '커리 하우스 코코 이치방야Curry House CoCo 壱番屋'가 제격이다. 1978년 아이치현에서 탄생한 '코코 이치방야'는 일본 전역뿐 아니라 한국을 비롯해 전 세계 17개 나라에 매장을 두고 있는 카레 전문 프랜차이즈다.

'코코 이치방야'는 일본 전역에 퍼져 있지만 이 프랜차이즈의 발상지인 아이치현에서 카레라이스를 맛보기로 하고 나고야역에서 5분 거리에 있는 코코 이치방야 선로드점Sun Road 店을 찾아갔다. 가게 안에서 조용한 재즈 음악이 흘러나와 살짝 놀랐지만, 매장 분위기는 프랜차이즈 레스토랑답게 캐주얼하고 깔끔했다. 게다가 테이블이 1인용으로 나뉘어 있어 혼자서 식사하기에 매우 편했다. 카레라이스 전문점답게, 카레의 종류, 밥의 양, 매운 정도, 토핑 종류 등 손님의 기호에 맞게 약 40여 가지의 맛을 볼 수 있도록 메뉴를 다채롭게 준비해놓았으며 태블릿으로 간편하게 주문할 수 있어 외국인 손님의 부담도 덜어준다.

나는 기본적인 카레라이스의 맛을 맛보고 싶어 채소 카레에 겨울 한정 단호박(가보차カボチャ)을 추가하고, 밥은 제일 적은 양, 카레 맛은 단맛 없는 것, 그리고 매운 정도는 보통으로 골랐다. 150엔을 추가하면 음료도 제공받는 드링크 세트가 있어 아이스커피도 주문했다. 가격은 1,235엔.

5분 후 젊은 종업원이 생글생글 웃으며 카레라이스를 들고 왔다. 흰 쌀밥 위에 샛노란 카레가 올라간 모습이 왠지 친근해 보인다. 카레 또한 스파이시함이 절제된, 매우 익숙한 일본식 카레의 맛이었다. 전체적으로 짜지도 않고 그리 달지 않아 내 입에 잘 맞았지만 매운 정도는 보통 이상으로 올리는 게 더 맛날 듯했다. 밥은 제일 적은 양을 선택했는데도 양이 꽤 많았는데, 꼬들꼬들하게 지어 카레와 잘 어울렸다. 쓰케모노가 무료인 것도 매우 마음에 들었다. 메뉴를 보니 가쓰류도 많아 카레와 함께 돈가스 등을 맛보는 것도 좋을 듯하다.

깔끔한 분위기에서 일본 카레라이스의 맛을 간편하고 값싸게 즐길 수 있는 곳으로 추천.

★★★★☆

아이치현 나고야시 나카무라구 메이에키 4초메 7−25 지하 1층 지하상가 5호

☎ 052-587-3530

영업시간 8:00~21:30 (연중무휴)

오사카 카레라이스의 원조,
지유켄 난바본점

오사카는 카레 문화가 매우 다채롭게 발달한 곳으로, 옛날 스타일의 카레라이스부터 2000년대 이후 새로이 등장한 '스파이스 카레'까지 맛볼 수 있다. 나는 오사카 카레의 역사를 알고 싶어 오사카 난바역難波駅에서 그리 멀지 않는 곳에 있는 지유켄自由軒의 난바본점을 찾아갔다.

'오사카 카레라이스의 원조'라고 할 수 있는 지유켄은 메이지 시대 후기인 1910년에 오사카 최초의 서양 요리점으로 문을 열어 비프스테이크나 카레라이스 같은 서양 음식을 내놓았다. 이러한 역사를 자랑이라도 하듯, 식당 밖에는 주인아주머니의 커다란 사진과 함께 오리지널 카레라이스를 비롯한 모형 음식들이 진열되어 있었다.

식당 안으로 들어가자 "이랏샤이!" 하는 주인아주머니의 힘찬 목소리가 들린다. 주인아주머니뿐 아니라 일하는 직원들이나 손님들도 모두 나이 지긋한 사람들이고, 식당 내부도 오랜 역사가 느껴지는 소박한 대중음식점이다.

메뉴는 카레라이스를 비롯해 오므라이스, 하이라이스, 포테이토 샐러드 등 종류가 꽤 많았으나 나는 지유켄의 오리지널 카레라이스인 '메이부쓰名物 카레'를 보통 사이즈(나미並)로 달라고 했다. 다른 손님들도 거의 '나미'를 주문하는 걸 보니, '메이부쓰 카레 나미'가 지유켄의 간판 메뉴인 것 같다. 메이부쓰 카레 나미는 800엔, 곱빼기에 해당하는 다이大는 900엔.

음식은 3~4분 만에 나왔는데, 메이부쓰 카레는 보는 순간 "이건 뭐지?"라는 말이 튀어나올 법한 낯선 모양이었다. 쌀밥과 진한 노란색의 카레를 섞고 그 위에 날달걀을 올려놓은 형상이었는데, 이 카레는 밥과 쇠고기, 양파, 카레 가루를 섞어 만든다고 한다. 바로 한 숟가락 떠서 먹어보니 '이건 뭔 맛이지?' 하는 생각이 들 정도로 맛도 묘하다. 하여 이 음식의 유래를 알아보았더니, 오늘날과 같이 전기밥솥이 없던 시절 손님들에게 따뜻한 밥을 대접하려고 미리 카레와 밥을 섞고, 당시 고가의 식재료였던 날달걀을 올려 낸 것에서 시작한 음식이라고 한다.

옆 사람들은 어떻게 먹나 슬쩍 들여다보았더니 모두 밥 위에 올린 날달걀을 풀어서 밥에 섞어 먹는다. 나도 따라 해보았다. 이렇게 먹으니 카레의 맛이 보다 부드러워져 먹기가 편했으나 밥의 양이 '보통'인데도 꽤 많아서 다 먹고 나니 배가 많이 불렀다.

지유켄의 '메이부쓰 카레'는 사람에 따라 호불호가 갈릴 것 같은 모양새와 맛이다. 하지만 100여 년 전 오사카에서 처음 만들어진 카레라이스의 맛이 궁금하다면 한 번 들러볼 만하다.

★★★

오사카시 주오구 난바 3초메 1-343 ☎ 06-6631-5564

영업시간 11:00~20:00 (월요일 휴무)

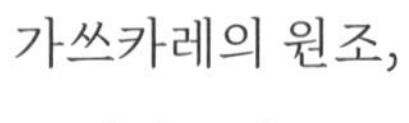

가쓰카레의 원조,
긴자스위스

가쓰카레カツカレー는 이름 그대로 돈가스에 카레를 얹은 음식으로, 1948년 도쿄 긴자에 있는 양식당인 '긴자스위스銀座スイス'에서 처음 만들었다고 알려져 있다. 그 유래를 알아보니, 당시 긴자스위스의 단골손님이었던 요미우리 자이언츠読売ジャイアンツ의 야구 선수 지바 시게루千葉茂가 카레라이스와 돈가스를 따로 시켜 먹는 것이 너무 귀찮다고 투덜대자 식당 주인이 그를 위해 돈가스와 카레라이스를 함께 내놓은 것이 계기가 되어 '가쓰카레'라는 새로운 음식이 탄생했다고 한다.

가쓰카레를 먹으러 긴자 거리 오쿠라별관 건물 2층에 자리 잡고 있는 긴자스위스 본점(도쿄역 지하 1층에 야에스점이 있다)을 찾아갔더니 실내에는 조용한 클래식 음악이 흘러나왔고, 전통 있는 양식당 특유의 세련되고 고급스러운 멋이 느껴졌다. 바는 그리 크지 않았지만 카운터 테이블은 술이나 음식을 편하게 먹을 수 있도록 아주 넓게 만들어져 있었다.

洋食
銀座スイス
GRILL
Swiss
銀座スイス

나는 바에 자리를 잡고 앉아 긴자스위스의 오리지널 가쓰카레인 '지바상노 가쓰레쓰카레千葉さんのカツカレー'(지바 씨의 가쓰레쓰카레)(2,420엔)와 사이다cider(사과주)를 주문했다.

잠시 후 깔끔하게 차려입은 웨이터가 먼저 감자수프를 가져온 후 곧이어 가쓰레쓰카레를 테이블에 올려놓았는데, 돈가스와 카레라이스가 함께 담긴 접시는 보기만 해도 배가 불렀다. 진한 고동색의 키마 카레[i]는 약간 스파이시하면서 달달하고 진한 맛이었지만 내 입맛에는 조금 짰다. 돈가스는 양이 많았고, 얇은 튀김옷 안에 숨어 있는 돼지고기는 연하고 육즙이 살아 있어 정말 맛있었다. 돈가스와 카레라이스를 모두 먹고 나니 상당한 포만감이 몰려왔는데, 아마도 옛날 지바 시게루 선수가 원했던 게 바로 이런 기분이었을 것 같다.

i 키마는 힌두스탄어로 '다진 고기'를 뜻하며, 키마 카레는 '고기를 갈아 넣은 카레'를 가리킨다

★★★★☆

도쿄도 주오구 긴자 3초메 4-4 오쿠라별관 2층 ☎03-3563-3206

영업시간 11:00~15:00, 17:00~20:30 (토요일, 일요일은 브레이크타임 없음)

삿포로의 명물 음식, 수프카레

홋카이도에는 다른 곳에서는 맛볼 수 없는 색다른 카레가 있다. 바로 수프카레スープカレー다. 이 수프카레는 언제, 어떻게 생겨난 것일까? 일반적으로 수프카레는 '약선 카레薬膳カリ'에서 유래되었다고 본다. 1970년대 삿포로에서 인도 요리와 네팔 요리를 기반으로 한 새로운 형태의 약선 카레가 등장하면서 많은 사람들의 인기를 얻게 되었으나 그 이름이 '약선 카레' '스리랑카 카레' '인도 카레' 등으로 식당마다 달랐다. 그러다가 1993년에 개점한 '매직 스파이스マジックスパイス'의 삿포로 본점에서 '수프카레'라는 이름을 사용했는데, 2000년대에 일본 전역에서 수프카레 붐이 일면서 '수프카레'라는 이름으로 정착하게 되었다.

수프카레의 가장 큰 특징은 다양한 향신료가 들어간 국물 형태의 카레에 고기나 해산물뿐 아니라 당근, 파프리카, 감자, 호박, 브로콜리, 가지, 오크라, 연근, 잎새버섯, 순무, 토마토, 양배추, 미즈나ミズナ(경수채) 등의 채소가 듬뿍 들어간다는 것이다. 그래서 수프카레는 특히 젊은 여성들이 좋아하는 음식으로 꼽힌다. 무엇보다 수프카레의 따뜻한 국물은 추운 겨울뿐 아니라 무더운 여름의 건강식으로 인정받아 홋카이도의 명물 음식으로 자리 잡게 되었다.

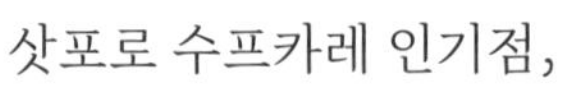

삿포로 수프카레 인기점,
수프카레 가라쿠

수프카레의 진가는 아무래도 날씨가 추울 때 확실해진다. 수프카레로 저녁 식사를 정하고 수프카레 가라쿠スープカレー Garaku를 찾아간 시간 역시 삿포로에 눈이 내리는 저녁 8시경이었다. 그런데 문 밖에 'Closed'라는 사인과 함께 가게 불이 꺼져 있는 게 아닌가! 서둘러 다른 가게들을 찾아보았지만 모두 정해진 폐점 시간보다 일찍 문을 닫았다. 아마도 수프카레의 인기가 높아지는 겨울이라 모든 가게에서 재료가 빨리 소진된 듯했다.

오전 11시 30분이 개점 시간임을 확인하고, 다음 날 오전 11시 25분에 가라쿠를 다시 찾았으나 이미 많은 사람들이 줄을 서 있었다. 알고 보니 이곳에서는 11시부터 선착순으로 번호표를 발행하고 개점 시간이 되면 순서대로 입장하는 방식으로 운영하고 있었다. 결국 나는 번호표 48번을 받았다. 꽤 오래 기다려야 할 것 같아 돌아갈까 말까 잠시 고민했지만, 기왕 온 김에 기다리기로 했다. 한 시간여를 기다린 끝에 12시 24

분이 되자 150명까지 번호표를 발행하고 더 이상 손님을 받지 않았다. 48번인 내 차례는 아직도 먼 듯한데 말이다. 가라쿠에서 긴 줄을 서지 않으려면 아침 일찍 찾아가 번호표를 받고 첫 손님으로 들어가는 것이 좋을 듯하다.

가게에서 "48번!"을 부른 시간은 오후 1시가 조금 지나서였다. 건물 지하 1층에 있는 레스토랑은 생각보다 넓고 아늑했다. 수프카레 종류는 꽤 많았는데, 나는 15가지 채소가 들어가는 '다이지노메구미大地の恵'(대지의 은혜)로 정하고, 5단계의 매운 정도 중에서는 4('매움'. 매운 고추를 추가하면 매운 정도를 40까지 올릴 수 있다), 밥의 양은 스몰, 그리고 여러 가지 토핑 가운데 아부리치즈炙りチーズ(불에 구운 치즈)를 골랐다. 이한지한以寒治寒으로 아이스커피도 한 잔 주문했다. 가격은 수프카레(1,190엔) 포함 1,590엔.

10분 정도 지나자 수프카레가 나왔는데, 국물 카레인데도 색이 진하고 카레 안에 단호박, 감자, 당근, 무, 가지, 잎새버섯, 브로콜리, 파프리카, 연근, 목이버섯, 방울토마토, 메추리 알 등이 골고루 들어 있어 보기만 해도 식욕이 샘솟았다. 먼저 국물을 한 숟가락 떠서 먹어보니 진하고 깊은 맛이 느껴졌는데, 가라쿠에서는 돼지 뼈, 닭고기, 향미채소, 양파, 토마토 등 30가지의 재료를 우려내 국물 맛을 낸다고 한다. 이 국물이 내 입에는 조금 짠 듯했지만 그리 맵지는 않아 조금 더

스파이시한 '레벨 5'를 골랐어도 좋았겠다는 생각이 들었다. 밥은 홋카이도산 나나쓰보시ななつぼし 쌀이 들어간 오곡밥이었으나 밥의 양이 너무 적었다. 밥을 충분히 먹으려면 미디엄 이상은 선택해야 할 것 같다.

어렵사리 수프카레를 먹고 나니 추운 계절에 참 잘 맞는 음식이라는 생각이 들었다. 이것이 삿포로의 명물 음식으로 자리 잡은 이유를 알 것 같았다. 무엇보다 카레의 변신을 이끌어낸 발상이 매우 흥미로워, 삿포로의 수프카레를 만들어낸 사람들에게 박수를 쳐주고 싶은 마음이 들었다.

★★★★

홋카이도 삿포로시 주오구 미나미 2조니시 2초메 6-1 오쿠무라빌딩 지하 1층

☎ 011-233-5568

영업시간 11:30~15:00, 17:00~20:30 (연중무휴)

SOUP CURRY GARAKU

오사카의 새로운 물결, 스파이스 카레

오사카에서 꼭 맛봐야 할 색다른 카레라이스가 있으니 바로 '스파이스 카레'다. 오사카 스파이스 카레의 역사는 1990년대 후반으로 거슬러 올라간다. 당시 간사이 지역은 1995년에 일어난 한신대지진阪神大震災의 영향으로 경제 불황을 겪고 있었다.

그 여파로 바bar와 펍pub 같은 술집은 저녁에만 영업을 하고 오후에는 문을 닫았으며, 일부 레스토랑은 생존을 위해 비용을 절감할 방법을 찾았다. 이때 카레 장사를 하던 일부 사람들은 자기 가게를 접고 아침과 낮 시간에 이자카야나 펍 같은 곳을 빌려 장사를 이어갔다. 이처럼 '빌린 가게'에서 하는 카레 장사에 쇼 비즈니스에 종사하던 전직 뮤지션들이나 연예계 관계자들이 관심을 갖게 되었는데, 경험에 의한 숙련이 필요한 다른 음식에 비해 카레라이스는 비교적 쉽게 만들 수 있는 음식이었기 때문이다. 또한 이들은 전통적인 카레 제조법을 잘 알지 못했기에 기존 카레 레시피에 얽매이지 않고 자신들만의 카레를 만들었는데, 이것이 오히려 인기를 끌면서 오사카에 새로운 스타일의 스파이스 카레가 탄생하게 된 것이다. 이런 배경 때문에 스파이스 카레를 '마가리카레間借りカレー'('장소를 빌려 만든 카레'라는 뜻)라고 부르기도 한다.

오사카 스파이스 카레에서 가장 눈에 띄는 것은 일반적인 일본식 카레와는 달리 밀가루를 사용하지 않고, 그 대신 가게마다 터메릭turmeric, 커민cumin 등 다양한 향신료를 자유롭게 사용한다는 점이다. 또 다른 특징은 많은 스파이스 카레 전문 식당에서 두 종류의 카레를 즐길 수 있는 '아이가케合がけ'를 내놓는다는 것이다.

이처럼 오사카의 스파이스 카레는 1990년대 후반의 경제 불황과 오사카 특유의 자유분방한 창의성이 만들어낸 일종의 '뉴웨이브New Wave 카레'라고 할 수 있다. 오늘날 오사카에는 스파이스 카레를 내놓는 가게가 수십 곳에 이를 정도로 그 열기가 뜨겁다.

'아이가케' 카레의 원조,
규야무테이 가라호리점

스파이스 카레를 맛보기 위해 먼저 찾아간 곳은 가라호리 상점가空堀商店街에 있는 규야무테이旧ヤム邸. 오사

카 중심부에 있는 가라호리 상점가는 메이지 시대부터 제2차 세계대전 당시까지 성행했던 시장으로, 오사카 지하철 다니마치로쿠초메역谷町六丁目駅에서 4분 거리에 자리 잡고 있다. 800미터가 넘는 상점가에는 쇼와 시대 초기의 건물들이 줄지어 있고, 살짝 언덕 느낌이 나는 길 양편에는 생선, 채소 등을 파는 가게와 식당이 들어서 있다.

규야무테이는 2011년에 가라호리 상점가에서 문을 열었다. 그런데 내가 찾아간 날이 마침 토요일이라서 그런지, 오전 11시인데도 상점가는 활기가 넘쳤고, 규야무테이 앞에도 이미 여러 사람이 줄을 서 있었다. 11시 30분 개점 시간이 되자 줄을 선 사람 수가 30명으로 늘어났는데, 특히 중년 여성이 많았다.

식당 분위기는 약간 복고풍이면서도 무겁지 않았다. 게다가 가구 배치가 매우 자연스러웠고, 재즈 음악이 흘러나오는 것도 마음에 들었다. 규야무테이의 카레 메뉴는 매일 바뀐다고 하는데, 그날의 점심 메뉴는 모시조개와 양배추가 들어간 닭고기 키마 카레, 닭고기가 들어간 타이식 레드 카레, 오징어가 들어간 스파이시한 맛의 검은색 카레, 스키야키풍 쇠고기와 돼지고기가 들어간 키마 카레였고, 두 종류의 카레가 들어간 아이가케의 가격은 1,300엔, 그리고 세 가지 카레가 들어간 트리플의 가격은 1,450엔이었다. 나는 레드 치킨 타이 카

레, 스파이시 구로 카레, 스키야키풍 키마 카레를 함께 맛볼 수 있는 트리플을 선택했다. 밥은 흔히 안남미라 불리는 기다란 장립종 쌀로 지은 재스민 라이스jasmin rice, 노란색이 나는 터메릭 라이스tumeric rice, 현미 중에서 선택할 수 있었는데, 나는 재스민 라이스를 골랐다.

카레라이스를 받아들고 보니 접시 오른쪽에는 코코넛 맛의 타이 카레와 닭고기가 담겨 있었고, 왼쪽에는 오징어가 들어간 스파이시 카레, 그리고 가운데에 키마 카레가 놓여 있었다. 그렇다면 맛은? 미역, 버섯, 가다랑어포 등 일본식 재료를 육수에 사용해 만들어진 카레에서는 독특한 풍미가 느껴졌고, 카레 또한 달지도 짜지도 않아서 좋았으며, 전체적으로 맛의 균형감이 매우 훌륭했다. 무엇보다도 '아이가케'의 원조집에서 세 가지의 카레를 맛본 것이 아주 마음에 들었다.

오사카 스파이스 카레를 맛보기 좋은 맛집으로 강추. 도쿄에도 분점이 있다.

★★★★★

오사카부 오사카시 주오구 다니마치 6초메 4-23 ☎ 06-6762-8619

영업시간 11:00~14:00, 18:00~21:00

(일요일은 20:00까지 단축영업, 월요일, 화요일 휴무)

스파이스 카레 인기점,

마루세

오사카 지하철 미도스지선御堂筋線 나카쓰역中津駅에서 1분 거리에 있는 '스파이스 커리 마루세スパイスカレー まるせ' 또한 인기 있는 스파이스 카레 전문점 가운데 하나다. 옛 민가를 개조한 가게는 아기자기하고 깔끔했고 실내는 모던하고 차분했다. 게다가 내가 갔을 때는 남아시아풍 음악이 잔잔하게 흘러나와 스파이스 카레를 즐길 수 있는 분위기를 만들어주었다. 카운터석 위 선반에는 넛메그nutmeg, 아니스anise 등 각종 스파이스가 진열되어 있고, 그 뒤에서 젊은 요리사가 열심히 음식을 만들고 있었다. 이곳은 규야무테이와 달리 젊은 손님이 많았다.

마루세에도 아이가케 메뉴가 있었는데, 내가 찾아간 날에는 치킨 카레, 타이 그린 카레, 돼지고기 키마 카레가 점심 메뉴로 제공되고 있어 세 가지 카레를 모두 맛볼 요량으로 3종 카레와 달걀프라이가 들어간 젠노세피바全のせフィーバー(1,500엔)를 주문했다. 그러자 종업원이 "팟치(고수)가 들어가

도 되나요?"라고 묻는다. 역시 현지의 맛을 충실히 재현하려는 스파이스 카레 전문점이어서일까. 나는 "괜찮습니다. 아주 많이 넣어도 상관없어요."라고 대답했다.

10분 후 음식을 받아들고 접시 왼쪽에 있는 치킨 카레를 먼저 맛보았다. 20종류의 향신료를 블렌딩해 만들었다는데, 카레 색이 까맣다. 맛에서는 스파이시함이 그리 도드라지지는 않았고, 오히려 요구르트와 민트 잎 등으로 상쾌한 맛을 강조한 돼지고기 키마 카레의 스파이시함이 더욱 돋보였다. 레몬그라스, 코코넛, 그린칠리 등으로 맛을 낸 묽은 회색의 타이 그린 카레에서도 약간 달달하면서 스파이시함이 느껴졌다. 밥은 흑미로 지은 것이었는데, 양이 꽤 많았다.

마루세의 카레와 규야무테이의 카레를 비교하면, 마루세의 카레가 규야무테이의 카레보다 덜 스파이시하지만 전체적으로 달거나 짜지 않아 먹기가 편했다. 한편 마루세에서는 오사카 북부 미노 시箕面市에서 만든 크래프트 맥주를 즐길 수 있었는데, 다섯 종류의 미노 맥주를 판매하는 걸 보니 주인이 맥주에 상당히 신경을 쓰고 있는 것 같다. 보통 때라면 당연히 먼저 맥주를 한 잔 마시고 카레라이스를 먹었을 터이지만 계속 밥을 먹으러 다니느라 배가 불러 아쉽게도 맥주를 마실 수 없었다.

오후 1시 50분에 식사를 마치고 나오니 10명 정도가 가게 안에서 차례를 기다리고 있었다. 카페 같은 분위기에서 스파이스 카레를 즐기기 좋은 곳으로 추천.

★★★★

오사카부 오사카시 기타구 나카쓰 1초메 11-28 ☎ 06-6136-7005

영업시간 11:30~15:00, 18:00~22:00 (연중무휴)

洋食
3

가장 동양적인 요쇼쿠,
오므라이스

오므라이스オムライス 또한 20세기 초에 일본에서 등장한 대표적인 요쇼쿠 가운데 하나다. 오므라이스는 '오믈렛オムレツ'과 '라이스ライス'의 합성어로, 이름 그대로 밥과 함께 채소나 닭고기와 같은 재료를 볶고, 그 위에 폭신폭신한 오믈렛을 얹어 내는 음식이다. 사실 오므라이스의 구성을 보면 볶음밥에 달걀 요리를 올린 형식이라, 중국 음식처럼 보이기도 한다. 그러니 아시아인들에게는 정말 친숙한 요쇼쿠라 할 수 있다.

오므라이스의 유래에 관해서는 도쿄설과 오사카설, 두 가지가 있다. 그 가운데 하나는 1900년(메이지 33)에 도쿄 긴자에 있는 양식 레스토랑 렌가테이의 주방장이 바쁘게 일하는 종업원들을 위해 달걀, 양파, 다진 고기를 넣어 간단하게 볶음밥을 만들어 숟가락으로 쉽게 떠먹을 수 있도록 한 것이 오므라이스의 시작이었다는 설이다. 이후 새로운 맛의 이 음식이 손님들의 인기를 얻어 오므라이스는 렌가테이의 공식 메뉴가 되었으며, 오므라이스에 케첩을 두른 것은 1908년 케첩이 보편화된 이후라고 한다.

또 다른 설은 1922년(다이쇼 11)에 설립된 오사카의 빵야노쇼쿠도パン屋の食堂('빵집 식당'이라는 뜻)에서 최초의 오므라이스를 만들었다는 것이다. 당시 이 식당에 자주 드나들었던 한 단골손님이 위가 약해 매번 오믈렛과 흰 쌀밥만 주문해 먹는 것을 목격한 초대 사장 기타비시 시게오北橋茂男가 똑같은 재료로 좀 더 맛있는 음식을 만들 수 없을까 고민한 끝에 밥과 버섯, 양파를 함께 볶아 오믈렛으로 감싸고 케첩으로 마무리한 음식을 내놓으면서, 그 이름을 '오므라이스'라고 불렀다고 한다. 이후 1936년(쇼와 11)에 빵야쇼쿠도는 사명社名을 '홋쿄쿠세이北極星'라고 바꾸었으며, 1989년에 오므라이스 전문점으로 재탄생해 오늘날까지 이어오고 있다.

오므라이스의 원조,
렌가테이

도쿄 지하철 긴자역에서 도보로 3분 거리에 있는 렌가테이煉瓦亭는 돈가스(포크 가쓰레쓰)의 원조이자 오므라이스의 발상지로 이름난 전통의 양식당이다. 직접 가서 보니 이름 그대로(렌가煉瓦는 '벽돌'을 의미한다) 소박한 분위기의 빨간 벽돌집이다. 렌가테이는 워낙 이름난 곳이라 혹시나 점심시간에 가면 긴 줄이 늘어서 있을 것 같아 개점 시간 조금 전인 오전 11시 45분경에 갔더니 다행히 중년 여성 네 명만이 줄을 서 있었다(내가 갔던 때에는 개점 시간이 정오였다).

정오가 되자 종업원이 나와 문을 연다. 그녀를 따라 건물 2층으로 올라가자 레트로 분위기가 물씬 풍기는 공간에 10개 남짓한 테이블이 놓여 있고, 조용한 재즈 음악이 흘러나와 옛 양식당의 느낌이 물씬 풍겼다. 메뉴를 보니 '메이지 탄생 오므라이스'는 2,700엔, '원조 하야시라이스'는 3,200엔, 원조 돈가스(포크 가쓰레쓰)는 2,800엔으로, 가격은 조금 센 편이다. 나는 따뜻한 콘소메 수프コンソメ スープ(프랑스식 맑은 수프)와

洋食
煉瓦亭
煉瓦亭
営業中

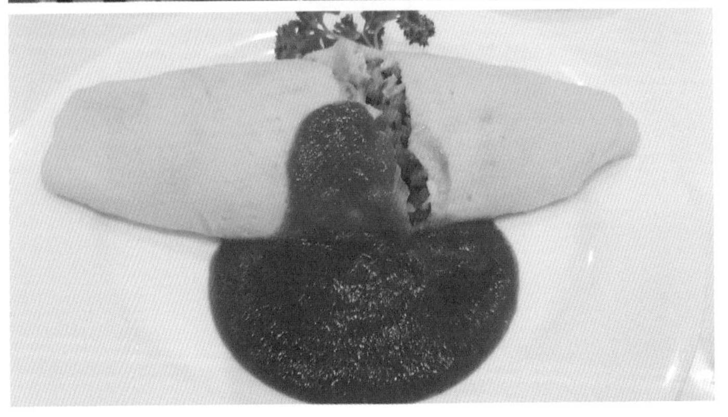

메이지 탄생 오므라이스를 주문했다.

먼저 커피 잔에 담겨 나온 진한 갈색의 콘소메 수프를 한 모금 떠먹었는데, 수프의 맑고 투명한 색처럼 맛이 깔끔했다. 잠시 후에 나온 오므라이스는 오므라이스 하면 딱 떠오르는 친근한 모습이었다. 오므라이스를 숟가락으로 크게 떠서 한 입 먹어보니 밥을 감싸고 있는 오믈렛이 아주 부드러웠고, 밥에는 버섯과 쇠고기가 아주 조금 들어 있었지만 밥이 고슬고슬한 게 맛났다. 그리고 케첩의 맛이 조금 강했지만 전체적으로 심심하고 점잖은 맛이었다.

도쿄 오므라이스의 원조 맛을 경험하기 좋은 곳.

★★★★☆

도쿄도 주오구 긴자 3초메 5-16 ☎ 03-3561-3882

영업시간 11:15~14:00, 17:30~20:00 (일요일 휴무)

오사카 오므라이스의 원조,
홋쿄쿠세이 신사이바시본점

오사카 신사이바시心斎橋에 있는 홋쿄쿠세이北極星도 오므라이스를 처음 만든 곳으로 알려진 서양 음식점으로, 식당 밖에도 '발상점'이라고 적혀 있다. 이른 저녁, 노렌이 걸려 있는 나무문을 열고 들어가자 오랜 역사를 자랑하듯 일본식 다다미방이 이어졌으나 조금 더 안쪽으로 들어가자 '여기는 양식당입니다.'라고 알려주려는 듯 클래식 음악이 잔잔하게 흘러나왔다. 그런데 이곳은 도쿄의 렌가테이와 달리 손님 대부분이 젊은이였고, 한국 사람들도 많이 오는지 한국어 메뉴도 준비되어 있었다. 나는 여러 종류의 오므라이스 가운데 치킨 오므라이스(1,420엔)와 우롱차를 주문했다.

잠시 후 오므라이스가 나와 한 입 먹어보니 어릴 적 어머니가 자주 해주시던 것처럼 부드러운 오므라이스의 맛이 느껴졌다. 일본말로 표현하자면 '나쓰카시이懐かしい'('그립다'라는 뜻)한 맛이라고나 할까? 어쨌든 얇은 오믈렛이 밥을 모양 좋게 감싸고 있는 모습은 렌가테이와 비슷했지만 소스는 숟가

西洋御料理
味に輝く 北極星
オムライス 発祥の店

락으로 떠서 먹어야 할 정도로 묽었고, 토마토케첩의 맛도 그리 강하지 않았다. 그리고 치킨 오므라이스라고는 하지만 자그마한 크기의 닭고기 조각이 조금 들어 있을 뿐 닭고기의 맛은 그리 강하지 않은 편이었다. 굳이 렌가테이와 홋쿄쿠세이의 오므라이스를 비교하자면 렌가테이의 오므라이스가 더 단단한 맛이고, 홋쿄쿠세이의 오므라이스가 조금 부드러운 맛이라고 할 수 있다.

오므라이스의 또 다른 발상점으로 추천.

★★★★

오사카부 오사카시 주오구 니시신사이바시 2초메 7-27 (예약 받지 않음)

영업시간 11:30~21:30 (연중무휴)

일본에서 태어난 양식,
하야시라이스

하야시라이스ハヤシライス 또한 일본에서 매우 인기 있는 요쇼쿠 가운데 하나로, 우리나라에서 '하이라이스'라고 알려진 음식이 바로 하야시라이스다. 하야시라이스는 잘게 다진 쇠고기와 양파, 양송이 등의 재료를 버터로 볶아 적포도주와 드미글라스 소스를 끓여 밥에 얹어 먹는 요리다. 적포도주와 드미글라스 소스가 들어가 서양 요리 같아 보이지만, 하야시라이스는 서양에는 없는 일본 요쇼쿠다. 오사카와 고베에서는 '하이시라이스ハイシライス', 또는 줄여서 '하이라이ハイライ'라고 부르기도 한다.

하야시라이스의 기원에 관해서는 여러 가지 설이 있지만, 가장 일반적인 것은 서양 음식 '해시드 비프 라이스hashed beef with rice'(고기와 감자를 잘게 다져 섞어 만든 음식)에서 비롯되었다는 설이다. 1868년 간사이 효고현兵庫県에 있는 이쿠노生野 지역의 옛 광산 마을에서 일하던 프랑스 기술자가 이 음식을 처음 만들었으며, 처음에는 '해시 라이스'(hasshi rice 또는 hashi rice라고 표기했음)로 불리다가 '하야시라이스hayashi rice'로 바뀌었다고 한다. 효고현의 고베가 '고베규神戸牛'로 유명하다는 것을 생각하면 어느 정도 납득이 되는 이야기이지만, 그 진위는 분명하지 않다.

또 다른 설에 따르면, 하야시라이스는 도쿄에서 탄생했다. 도쿄 마루야丸屋 서점(마루젠丸善 서점의 전신)의 창업자 하야시 유테키早矢仕有的가 가끔 친구들을 불러 고기와 채소로 만든 스튜를 밥과 함께 대접했는데, 그 음식이 매우 인기 있어 '하야시라이스'로 불렸다는 것이다. 후에 마루젠의 양식당에서 '하야시라이스早矢ライス'라는 이름으로 판매하기 시작해 오늘날의 하야시라이스가 탄생했다고 전한다.

그 유래가 어떠하든, 하야시라이스 또한 오랜 역사를 지닌 요쇼쿠 가운데 하나다. 오늘날 하야시라이스는 카레라이스나 오므라이스처럼 슈퍼마켓에서 블록의 형태로 고형 루를 판매하고 있고, 드미글라스 소스도 그리 어렵지 않게 구할 수 있어 가정에서도 쉽게 만들어 먹을 수 있게 되었다.

하야시라이스의 원조,

마루젠 카페

도쿄 지하철 니혼바시역日本橋駅에서 도보 1분 거리에 있는 마루젠 건물 안으로 들어가면 창업 140년이 넘는 마루젠 서점이 있고, 3층에는 마루젠 서점과 컬래버레이션해서 만든 마루젠 카페Maruzen Cafe가 자리 잡고 있다.

나는 창밖으로 도로가 내려다보이는 1인석에 자리를 잡고 앉았는데, 잠시 후 나비 넥타이를 맨 종업원이 메뉴를 놓고 간다. 메뉴를 들여다보니 양식 종류가 꽤 많았다. 오리지널 하야시라이스라고 할 수 있는 돼지고기가 들어간 '포크 하야시라이스ポーク早矢仕ライス'는 1,580엔. 나는 1,780엔짜리 하야시 오므라이스를 주문했다. 둘의 차이는 밥을 오믈렛으로 감쌌는가 아닌가다.

잠시 후 커다란 접시에 하야시라이스가 담겨 나왔다. 그 모습은 오므라이스와 별반 다르지 않았으나 소스의 색깔이 초콜릿 색만큼 진하고, 맛 또한 농후한 편이었다. 소스에는 고기 조각은 보이지 않았고 양송이만 들어 있다. 어쨌거나 부드러운 오믈렛이 밥을 감싸고 있어 먹기가 아주 편했다. 이곳의 하야시오므라이스와 다른 곳의 오므라이스를 비교하자면 이곳의 소스 맛이 한결 진하고 강했다.

원조 하야시라이스의 맛을 느낄 수 있는 곳으로 추천.

★★★★

도쿄도 주오구 니혼바시 2초메 3−10 니혼바시 마루젠 도큐 빌딩 3층 ☎ 03-6202-0013

영업시간 9:30~20:30 (연중무휴)

駅弁

일본 에키벤 여행

일본 철도의 역사는 1872년(메이지 5)에 도쿄 신바시역에서 요코하마역을 잇는 29킬로미터의 철도가 개통되면서 시작되었다. 오랜 역사를 자랑하는 일본 철도 문화는 수많은 상징을 가지고 있는데, 그중 하나가 '기차역에서 파는 도시락'이라는 뜻의 에키벤으로, 에키벤은 기차역을 뜻하는 '에키駅'와 도시락을 뜻하는 벤토의 '벤弁'이 합쳐진 말이다.

최초의 에키벤은 1885년 등장했다. 지금은 도치기현栃木県 우쓰노미야역宇都宮駅에서 도쿄 우에노역까지 신칸센으로 50분이 채 걸리지 않지만, 당시에는 증기기관차로 3시간 30분이나 걸리는 먼 거리였다. 1885년 일본국유철도 도호쿠선東北線 우쓰노미야역 개통과 동시에 우쓰노미야역 앞에 있던 시라키야白木屋라는 료칸에서 기차 여행객에게 우메보시가 들어간 오니기리 2개와 다쿠앙을 대나무 잎에 싸서 5센銭(100분의 1엔)에 판매한 것이 최초의 에키벤이었다.

이어 1889년에 효고현의 히메지역姫路駅에서 일본 최초의 도시락이었던 마쿠노우치 벤토를 본뜬 마쿠노우치 에키벤이 판매되었으며, 1890년에는 오사카역, 1906년에는 교토역에 에키벤이 등장했다. 1910년대부터는 일본 전역의 기차역에서 현지의 맛을 담은 에키벤이 하나씩 나타났는데, 당시 에키벤은 기차를 타고 이동할 때만 먹을 수 있었기에 상류층만 즐길 수 있는 고급 음식으로 간주되었다. 이후 일본인들이 풍요의 시대로 기억하는 쇼와 30년대(1955~1964)에 들어 일본에서는 호황에 따른 여행 붐이 일어났으며, 1964년 도쿄 올림픽에 맞추어 도쿄와 오사카를 잇는 도카이도신칸센東海道新幹線이 개통되면서 바야흐로 에키벤 전성시대가 열렸다.

현재 일본에는 4,000여 종의 에키벤이 있다. 에키벤의 종류는 크게 일반적인 도시락이라고 할 수 있는 마쿠노우치 벤토 형태의 에키벤과 각 지역 음식의 특성을 반영한 고토지 에키벤ご当地駅弁('지역 에키벤'이라는 뜻)으로 나뉜다. 일반적으로 마쿠노우치 벤토에는 '세 가지의 신기神器'라고 불리는 생선요리, 가마보코(찐 어묵), 달걀말이와 함께 조림이나 채소 절임 등의 반찬이 들어가는 것이 특징인 데 반해, 고토지 에키벤은 재료나 용기, 포장 등에서 보다 다양하고 개성적이다.

바다의 반짝임,

우미노카가야키

JR오타루역, JR하코다테본선(홋카이도)

★★★★ | 1,780엔

내가 오타루역에서 구입한 에키벤은 우미노카가야키海の輝き였다. 이 에키벤은 1917년(다이쇼 6)에 구내식당으로 창업해 120년이 넘는 역사를 자랑하는 '오타루에키 고나이 다치우리쇼가이小樽駅構内立売商会'가 판매하는 도시락이다.

우미노카가야키는 '바다의 반짝임'이라는 뜻이다. 그 이름에서 알 수 있듯이 '홋카이도 바다의 산물'을 이미지화한 도시락으로, 초밥 위에 연어 알, 성게 알, 달걀말이, 표고버섯 등을 깔고, 열빙어(시샤모シシャモ) 알을 뿌린 일종의 '해산물 지라시즈시'라고 할 수 있다.

우미노카가야키는 자그마한 항구도시 오타루의 이미지와도 잘 맞고, 고급스러운 재료를 사용한 호화로운 도시락이었다. 그런데 이 도시락을 겨울철에 먹어서 그런지 밥알이 뭉쳐 있어 밥 상태는 기대에 조금 못 미쳤다. 아무래도 해산물이 담긴 에키벤이라 가격은 꽤 비싸다.

駅弁
小樽
おたる
Otaru
暮ノ内弁当
¥750
¥1,350
サーモンいくら丼
牛カルビ焼肉弁当
¥1,050
天むす
¥700

駅弁
おたる
海の輝き
うみのかがやき
(株)小樽駅構内立売商会

쇼와 시대의 마쿠노우치 도시락,

쇼와노 마쿠노우치 벤토

JR오타루역, 하코다테본선(홋카이도)

★★★★★ | 880엔

쇼와노 마쿠노우치 벤토昭和の幕の内弁当는 우미노카가야키처럼 오타루에키 고나이 다치우리쇼가이가 만든 도시락으로, 흰 쌀밥 위에 감자 샐러드, 닭고기 조림, 새우 튀김, 아스파라거스, 당근 조림, 버섯 조림, 달걀말이, 가마보코, 슈마이, 콩 조림 등 다채로운 반찬이 곁들여 있다.

반찬들의 구성이 조화로운 데다 달달한 간장 맛의 닭고기 조림은 이 도시락의 백미라고 할 수 있으며, 일본풍 감자 샐러드도 매우 맛있다. 나는 이 에키벤을 오전에 오타루역에서 구입해 삿포로 동쪽 오비히로帯広로 가는 기차 안에서 먹었는데, 구입한 지 얼마 지나지 않아 먹어서인지 밥맛이 꽤 좋았고, 밥과 반찬의 양과 간이 딱 맞았다. 이만하면 가성비도 매우 좋은 편이다. 일본의 전통적인 마쿠노우치 벤토의 맛을 즐길 수 있는 강추의 에키벤.

홋카이도 바다를 음미하다,

가이센에조쇼미

JR삿포로역, 하코다테본선(홋카이도)

★★★ | 1,150엔

JR삿포로역에서 기차표를 끊고 들어가면 자그마한 에키벤 매장이 두 개 보이는데, 사람들로 붐비는 시간에는 매표소 앞에도 간이 에키벤 판매대가 설치된다. 에키벤의 종류도 10여 개 되는데, 1943년에 창업한 '삿포로에키 다치우

리쇼가이'가 벤사이테이弁菜亭라는 상호를 붙여 직영하는 삿포로역 에키벤 매장에서는 가이센에조쇼미海鮮えぞ賞味를 '에조 No. 1' 에키벤으로 홍보하고 있다. 또한 삿포로의 에키벤을 먹어본 여행객들이 가장 많이 추천하는 에키벤도 이 가이센에조쇼미다. 실제로 가이센에조쇼미는 삿포로역에서 1983년부터 판매해온 스테디셀러 에키벤으로, 하루에 60개 이상 팔린다고 한다. '에조'는 홋카이도 원주민인 아이누 말로 '홋카이도'라는 뜻.

도시락 안에는 성게 알, 연어 알, 연어 살, 가리비, 게살 등 홋카이도를 대표하는 해산물이 들어 있으며, 초밥 위에는 긴시타마고錦糸玉子(달걀지단)가 올려져 있는데, 전체적인 맛은 다른 일본 음식처럼 약간 달달했다. 연어 알은 톡톡 씹는 재미가 있었고, 작은 가리비 조각은 쫄깃했으며, 게살은 달달짭짤했다. 문제는 밥이었다. 내가 이 에키벤을 먹은 계절이 겨울이라 그런지, 밥이 찬 데다 밥알이 달라붙어 있어 '이게 에키벤의 한계인가?'라는 생각이 든 것이다. 나는 오랫동안 일본을 돌아다니면서 많은 에키벤을 먹어보았는데 밥에 불만이 생긴 건 이번이 처음이다. 겨울철이라 그럴 수도 있고, 아니면 도시락을 구입하고 나서 몇 시간이 지난 후 먹어서 그럴 수도 있지만, 이 가이센에조쇼미에 대한 총평은 '홋카이도의 해산물을 모아놓은 것은 좋으나 밥 때문에 감점!'이었다.

弁菜亭
弁菜亭
使えます

이시카리에서 잡은 연어가 가득,

이시카리사케메시

JR삿포로역, 하코다테본선(홋카이도)

★★★★☆ | 1,300엔

이시카리사케메시石狩鮭めし 또한 삿포로에키다치우리쇼가이가 1923년부터 판매해온 스테디셀러 에키벤이다. 이시카리石狩는 삿포로에서 북쪽으로 14.7킬로미터 떨어져 있는 도시의 이름이며, 이시카리사케메시는 이 도시를 흐르는 이시카리 강에서 잡은 연어를 20분 동안 푹 끓여 뼈를

추려내고 손으로 연어 살을 뜯어 삿포로에키 다치우리쇼가이 특유의 다레를 섞어 맛을 낸 다음 간장에 담가 양념한 연어 알과 함께 밥 위에 가득 흩뿌려놓은 도시락이다.

반찬으로는 연어 다시마말이, 가마보코, 쓰케모노, 나라즈케奈良漬け(술지게미를 이용한 나라 지역의 채소 절임)가 들어 있었는데, 전체적으로 맛이 좋았다. 늦은 오후에 구입해 밤 10시에 시식했는데도 다시마 우린 물로 지은 밥(곤부차항こんぶちゃーはん)이라 그런지 밥의 상태가 잘 유지되어 꽤 먹을 만했다.

이시카리의 특산물인 연어와 함께 맛깔난 반찬을 즐길 수 있는 에키벤으로 추천.

시레토코 토종닭의 향연,

시레토코도리메시

JR삿포로역, 하코다테본선(홋카이도)

★★★★ | 1,000엔

홋카이도의 북동쪽 끝자락에 위치한 시레토코知床는 2005년 유네스코 세계자연유산으로 지정될 만큼 웅대

한 자연과 함께 '시레토코 닭'으로 유명한 곳이다. 시레토코 도리메시知床とりめし는 이름 그대로 시레토코 닭고기 국물로 지은 밥 위에 달걀지단과 데리야키 치킨을 올린 도시락이다.

상당히 단출한 구성인데, 에키벤의 주인공인 데리야키 치킨은 단맛이나 짠맛이 너무 강하지 않아 좋았고, 육즙이 풍부하고 부드러워 밥과 잘 어울렸다. 그리고 반찬으로 나온 연어 가마보코, 버섯 조림, 무 절임과의 조화도 좋았다. 무엇보다, 늦은 밤에 먹었는데도 닭고기 국물로 지은 밥이라 그런지 상태가 꽤 좋았다.

시레토코의 닭고기 맛을 느낄 수 있는 에키벤으로 추천.

전쟁의 빈곤이 낳은 도시락,
이카메시

JR모리역, 하코다테본선(홋카이도)

★★★★☆ | 880엔

홋카이도 남쪽에 위치한 모리마치森町 앞바다는 오징어와 가리비의 서식지로 잘 알려진 곳이며, 그 인근 우치우라 만内浦湾에서 잡은 오징어로 만든 이카메시いかめし는 전국적으로 지명도가 매우 높은 에키벤 가운데 하나로 손꼽힌다. 사실 모리의 이카메시는 도쿄역의 에키벤야마쓰리駅弁屋祭[i]와 같은 에키벤 판매점뿐만 아니라 통신판매를 통해 전국 어디서나 구입할 수 있으나 나는 이카메시의 본산지라 할 수 있는 모리 마을도 구경하고 이카메시도 구입할 겸 JR모리역을 찾았다.

모리역까지는 삿포로역에서는 기차로 세 시간, 그리고 하코다테역에서는 45분 정도 걸린다. 오전에 하코다테역에서

[i] 에키벤 전문 매장으로, JR도쿄역 1층에 위치하고 있으며, 일본 각지의 유명 에키벤 200여 종을 판매하고 있다.

기차를 타고 가 모리역에서 내리자 선로 주변이 눈으로 덮여 있고, 역 뒤로는 설산이 보였다. 대합실에 걸려 있는 지도를 보니 기차역 바로 옆이 바다다. 역을 나오자 바로 앞에 이카메시를 파는 시바타쇼텐柴田商店이 보였는데, 그 모습은 영락없는 시골의 구멍가게였으나 마치 "여기는 이카메시를 파는 곳입니다."라고 알려주는 듯이 문 앞에 걸린 자그마한 노렌이나 가게 앞에 놓인 빨간색 벤치에도 온통 いかめし라고 크게 써놓았다.

문을 열고 안으로 들어가자 나이 지긋한 아주머니가 가게를 지키고 있었다. 그녀에게 이카메시를 달라고 하자 바로 도시락을 하나 집어 들더니 비닐 봉투에 담지도 않고 티슈와 함께 건네준다. 그녀에게 "하루에 몇 개 정도 팔리나요?"라고 물어보았더니 "그건 정해져 있지 않고 그때그때 다른데요."라며 "하루에도 몇 번이고 들어온다."고 대답한다. 진열하는 대로 팔리기 때문에 아베쇼텐에서 이카메시를 여러 차례 받는다는 의미다. 이카메시가 이 정도로 잘 팔린다니! 이런 구멍가게를 하나 해도 좋을 것 같다는 생각이 들었다.

모리의 이카메시는 1903년(메이지 36) 모리역 개통과 함께 창업한 아베쇼텐阿部商店이 1941년부터 판매하기 시작한 초장기 베스트셀러 에키벤이다. 모리역 밖에 있는 안내판을 들여다보니 이카메시는 제2차 세계대전 중의 쌀 배급을 계기로

森
駅

생겨난 것이라고 적혀 있다. 1941년 당시 배급으로 인해 소비할 수 있는 쌀의 양이 한정되어 있었기에 1홉(180g)의 쌀과 달달한 맛의 간장으로 2인분의 이카메시를 만들어 사람들에게 제공했다는 것이다. 이 이카메시가 맛도 좋고 포만감도 있어 꽤 인기를 끌었으며, 이를 계기로 모리의 이카메시 에키벤이 탄생되었다고 한다.

에키벤은 역에서 구입해 기차 안에서 먹는 게 정석이지만, 나는 이 에키벤을 먹기 위해 이미 기차를 타고 왔다. 하는 수 없이 역 안에서 먹기로 하고 도시락을 들고 들어가 도시락 상자를 열었더니 먼저 오징어 특유의 냄새가 훅 올라온다. 밥을 넣어 통통한 오징어의 모습은 우리나라 오징어순대와 비슷했으나 색깔은 조금 더 진했다. 모리의 이카메시는 오징어 뱃속에 일반 멥쌀(우루치마이粳米)과 찹쌀(모치고메もち米)을 섞어 넣고 뜨거운 물에서 20분, 그리고 간장으로 맛을 낸 육수에서 20분 동안 천천히 삶아 만든다고 한다. 한 입 먹어보니 오징어는 살이 꽤 두툼했지만 부드러웠고, 오징어 안의 찰기 있는 밥은 씹는 맛이 꽤 좋았다.

그런데 내 눈에는 이카메시가 술안주로 보였다. 특히 소주 안주로 제격일 것 같다. 저녁에 일본 소주를 한 병 사서 하코다테로 돌아와 이카메시와 함께 먹어보았더니, 예상대로 소주와 궁합이 아주 좋았다. 밥의 양이 꽤 많아 한 끼 식사로도 부족하지 않았다. 사실 이카메시를 처음 먹었을 때는 '이런 맛이구나. 하지만 그리 특별하지는 않네.'라고 생각했다. 그런데 계속 먹다보니 '꽤 괜찮은 맛이네. 왜 인기가 있는지 알겠네.'로 생각이 바뀌었다.

홋카이도에는 아베쇼텐의 이카메시뿐 아니라 다른 식품 업체에서 만들어 파는 이카메시도 있다. 그렇지만 조금 더 돈을 쓰면서 모리의 원조 이카메시를 먹어보는 것이 더 기억에 남을 듯하다.

청어 살과 알의 조화,

니신미가키벤토

JR하코다테역, 하코다테본선(홋카이도)

★★★★★ | 1,000엔

삿포로에 이어 관광객들이 많이 찾는 하코다테는 혼슈와 홋카이도를 잇는 중요한 항구도시다. 과거에는 여행객들이 혼슈 아오모리青森의 아오모리 항과 홋카이도의 하코다테 항을 연결하는 세이칸연락선青函連絡船을 타고 쓰가루해협津軽海峡을 건너 하코다테에서 다시 열차로 갈아타고 홋카이도 여러 지역으로 가곤 했다. 세이칸연락선은 1908년에서 1988년까지만 운행되었고, 지금은 혼슈에서 하코다테를 오가려면 아오모리에서 홋카이도 신칸센을 타고 53.85킬로미터 길이의 세이칸 해저터널을 통과해야 한다.

하코다테역은 삿포로역보다 규모는 작지만 보다 깔끔하고 질서정연한 느낌을 주었다. 역 안에는 커다란 식품 매장과 함께 하코다테 에키벤 전문점인 미카도ミカド가 자리 잡고 있었다. 이곳에서 판매하는 에키벤의 종류는 10가지 정도였는데, 내가 첫 번째로 고른 에키벤은 미카도가 1966년에 출시한

駅名物
みがき

니신미가키벤토鰊みがき弁当(말린 청어 조림 도시락)였다.

니신미가키벤토의 주인공은 청어 조림과 가즈노코数の子(말린 청어 알). 그래서 이 에키벤을 '니신오야코벤토'라고 불러도 될 것 같다. 실제로 도시락 뚜껑을 열면 간장 빛 광택을 내뿜는 커다란 청어 조림 세 조각과 황금빛의 커다란 가즈노코 네 개가 밥 전체를 덮고 있는데, 미카도의 니신미가키는 햇볕에 말린 살이 두툼한 청어를 숙성시켜, 30년 넘게 이어온 달달한 맛의 육수에 넣고 끓여 만든다고 한다. 맛을 보니 뼈까지 부드럽게 씹혔고 달달짭짤한 맛은 전형적인 일본 생선 조림이었다. 무엇보다도 청어 조림이 짜지 않아 좋았다. 반찬으로는 다쿠앙 두 점과 미역줄기 간장조림이 부록처럼 딸려 나왔는데, 약간 짭짤하면서 독특한 식감의 가즈노코, 약간 달달한 미역줄기 간장조림과 청어 조림은 니신미가키벤토의 '삼총사'라고 불러도 좋을 정도로 맛의 균형감이 좋았다. 여기에 갓 지은 따끈따끈한 밥이면 금상첨화일 것 같은데, 이건 에키벤이니 어쩔 수 없다. 니신미가키도 술안주로 잘 맞을 것 같아 하코다테 숙소에서 청주 한 잔을 곁들였더니, 생각대로 궁합이 매우 좋았다.

하코다테 명물 에키벤으로 강추. 신하코다테역에서도 구입할 수 있다.

종합선물세트 같은 에키벤,

기타노에키벤야상

JR하코다테역, 하코다테본선(홋카이도)

★★★★☆ | 1,400엔

JR하코다테역에서 만날 수 있는 또 다른 인기 에키벤인 기타노에키벤야상北の駅弁屋さん은 미카도의 대표적인 에키벤들의 내용물로 채워 넣은, 종합선물세트 같은 에키벤이다. 도시락 포장지에는 옛날 기차역에서 에키벤을 판매하던 판매원의 그림이 그려져 있고, 뚜껑을 열면 미카도의 간판

메뉴인 니신미가키벤토에 들어가는 것과 같은 가즈노코와 청어 조림을 비롯해 연어뱃살 조림, 소라고둥 조림, 연어 알, 이카메시(오징어밥), 가니메시(게살밥), 돼지고기 조림과 다쿠앙, 쓰케모노, 죽순 조림 등 미카도의 다른 도시락에 들어가는 음식들이 푸짐하게 올라가 있어 반찬을 골라 먹는 재미가 쏠쏠했다. 물론 전체적인 맛과 균형감도 매우 훌륭했다.

하코다테의 식재료를 다양하게 즐길 수 있는 에키벤으로 강추. 신하코다테역에서도 구입 가능하다.

홋카이도의 해산물을 모은 지라시즈시,

에조치라시

JR하코다테역, 하코다테본선(홋카이도)

★★★★ | 1,400엔

미카도가 만든 또 다른 에키벤이 에조치라시蝦夷ちらしだ. 이름 그대로 에조(홋카이도)를 대표하는 해산물로 구성된 지라시즈시 도시락으로, 초밥 위에 가리비 조림, 가즈노코, 문어, 새우, 달걀지단, 게살, 성게 알, 연어 알, 훈제 연

어, 연근, 초생강이 듬뿍 올라가 있어 호화로운 느낌이 든다. 게다가 오후 1시경에 시식을 해서 그런지 밥의 상태가 좋았다.

훗카이도의 해산물을 만끽할 수 있는 에키벤으로 추천.

쓰가루산 생선 모둠 도시락,
쓰가루노오벤토 오사카나다라케

JR신아오모리역, 도호쿠신칸센(아오모리현)

★★★★★ | 1,250엔

JR신아오모리역의 에키벤 매장은 꽤 자그마했는데, 가판대 위에 '2022년 JR동일본 제11회 에키벤 그랑프리 수상'이라는 문구가 적혀 있는 도시락이 있어 하나 구입했다. 에키벤의 이름이 꽤 길다. 쓰가루노오벤토 오사카나다라케津軽のお弁当 お魚だらけ. 여기서 '쓰가루津軽'는 홋카이도 남단과 혼슈 북단 사이에 있는 쓰가루 해협, 또는 아오모리현의 도시 쓰가루를 말하는 것이며, 사카나さかな는 '생선', 다라케だらけ는 '매우 많다'는 뜻이니, 이 에키벤은 '쓰가루 생선(해물) 모둠 도시락'이라고 할 수 있다. 이를 증명하려는 듯이 도시락 포장지에 생선 이름이 가득 적혀 있다.

오사카나다라케는 연어, 광어, 고등어, 임연수와 가리비, 오징어를 식재료로 사용했고, 조리 방식도 매우 다양해 연어는 약간 삭혔고, 광어는 다시마를 입혀 쪘고, 고등어는 사과즙

駅弁
北東北のご当地駅弁
地元の味をお楽しみください。
こちらのお写真は
イメージとなります。
かき
佃煮
共通券
レジ袋は
有料になります。
お飲み物
1,380
1,480
1,380

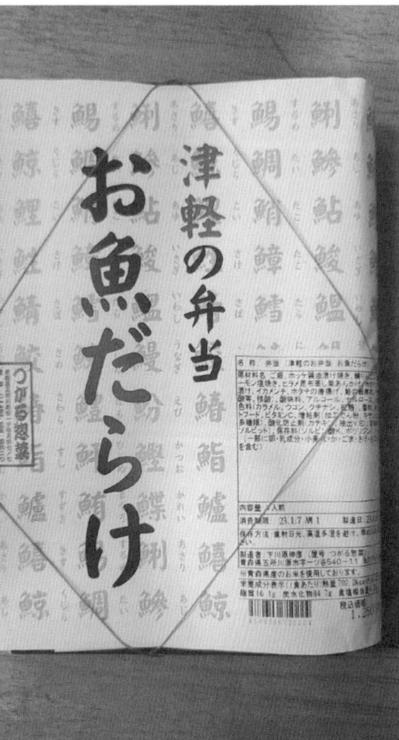
津軽の弁当
お魚だらけ
つがる惣菜

에 넣어 조렸으며, 임연수는 간장 양념을 발라 구웠고, 오징어는 빵가루를 입혀 튀겼고, 가리비는 튀김옷을 입혀 튀겼다.

하나씩 먹어보니 모든 반찬의 맛이 적절하면서 균형감이 훌륭했으며, 조연이라고 할 수 있는 오이 절임의 맛도 꽤 좋았다. 밥은 고시히카리의 손자뻘 품종이라고 할 수 있는 쓰가루로망つがるロマン으로 지었다고 하는데, '차가운 밥인데도 어떻게 이렇게 맛있지?' 하는 생각이 들 정도로 밥의 상태가 매우 좋았다.

아오모리의 다채로운 식재료를 맛볼 수 있는 고급 에키벤으로 강추.

샤미센을 닮은 도시락통,

하치노헤코타즈시

JR하치노헤역, 도호쿠신칸센(아오모리현)

★★★★ | 1,150엔

하치노헤八戸는 아오모리현의 남동부에 위치해 태평양을 면하고 있는 항구도시로, 하치노헤코타즈시八戸小唄

寿司는 하치노헤역이 개통된 이듬해인 1892년에 창업한 요시다야吉田屋의 대표적인 에키벤이다. 이 에키벤의 이름은 1931년에 당시 하치노헤 시장이었던 간다 시게오神田重雄의 요청으로 만들어진 민요 〈하치노헤코타八戸小唄〉에서 따온 것이다.

포장을 풀면 샤미센의 몸통을 이미지화한 상자 안에 샤미센의 줄을 튕기는 데 사용하는 바치撥와 함께 하치노헤 근해에서 잡은 고등어와 핑크빛 홍紅연어를 두텁게 썰어 눌러 만든 시메사바즈시와 시메베니자케즈시가 들어 있다. 일본 전역에서 이처럼 오시즈시의 형태로 만든 에키벤을 그리 어렵지 않게 만날 수 있는데, 그 가운데 하나가 바로 하치노헤코타즈시다. 그런데 이것은 오시즈시에서 생선과 밥을 분리해놓은 모양의 도시락이다.

초밥은 약간 달짝지근하게 간이 되어 있었으며, 시메사바와 시메베니자케는 크기도 제법 크고 양도 많다. 동봉된 바치로 생선을 작게 잘라 밥과 함께 먹으니 마치 오시즈시를 먹는 기분이 들었다. 녹차는 물론, 맥주와도 궁합이 좋았다.

하치노헤의 대표적인 에키벤으로 추천.

세 가지 방식으로 조리한 성게 알 도시락,

우니토우니토우니

JR하치노헤역, 도호쿠신칸센(아오모리현)

★★★ | 1,580엔

우니토우니토우니うにとウニと雲丹는 요시다야의 또 다른 에키벤으로, '성게 알(우니)'의 이름을 세 가지 방식(히라가나, 가타카나, 한자)으로 표기해 '성게 알 3종 세트 도시락'이라는 것을 드러낸다. 도시락 상자를 열면 세 가지의 성게 알 음식이 눈에 들어온다. 하나는 밥 위에 토마토 크림소스에 버무린 성게 알이고, 다른 하나는 안가케餡掛け(칡전분으로 점도를 높인 소스를 얹은 요리)로 조리한 성게 알에 연어 알을 올린 것

이며, 나머지 하나는 버터로 조리한 성게 알과 달걀말이다. 반찬으로는 우엉, 표고버섯 조림과 다카나苦菜(갓과 비슷한 채소) 등의 쓰케모노를 곁들였다.

이 에키벤은 처음 볼 때부터 '술안주로 좋겠다.'고 생각해 하치노헤역에서 아오모리 전통주를 한 병 구입해 호텔 냉장고에 넣어두었다. 그리고 저녁에 호텔 안에 있는 온천탕에서 목욕을 마친 후 맛을 보았는데, 역시나 성게 알이 들어간 도시락은 청주와 매우 잘 어울렸고, 성게 알의 다양한 맛을 즐기기에도 그만이었다. 다 좋았지만 성게 알이 주재료인 에키벤이라 가격은 조금 센 편이다.

아키타의 토종닭으로 만든 에키벤,
도리메시벤토

JR오다테역, 오우본선(아키타현)

★★★★ | 980엔

도호쿠 지역 북서부에 위치한 아키타현은 이나니와 우동稲庭うどん, 기리탄포きりたんぽ(밥알을 반 정도 으깨어 긴 어묵 형태로 나무막대에 붙여 구운 아키타현의 향토음식)와 함께 토종닭 히나이지도리比内地鶏로 유명한 곳이다. 이 아키타 토종닭이 들어간 도리메시벤토鶏めし弁当는 1899년부터 아키타현의 오다테역大館駅 바로 앞에서 에키벤을 판매하고 있는 하나젠花善이 1947년에 출시한 에키벤이다.

도리메시의 밥은 아키타산 쌀인 아키타코마치あきたこまち를 이 집 비법의 간장으로 맛을 낸 닭고기 육수로 지어 옅은 간장 색을 띠고 있었고, 간장 맛이 살짝 났다. 이 에키벤의 주인공인 닭고기는 간장과 설탕으로 조려 약간 달달하면서 단단한 식감을 주었다. 반찬은 두부 조림, 표고버섯 조림, 가마보코, 쓰케모노.

하나젠에서는 도리메시벤토와 함께 이보다 가격이 조금

높은 히나이지도리노 도리메시比内地鶏の鶏めし(1,300엔)도 함께 판매하고 있다.

아키타 토종닭의 맛을 즐기기 좋은 에키벤으로 추천.

센다이의 상징 우설 구이를 도시락으로,

센다이 미소시타테 규탄 벤토

JR센다이역, 도호쿠신칸센 · 아키타신칸센(미야기현)

★★★★ | 1,180엔

일본 혼슈 북동부에 위치한 미야기현의 센다이仙台는 교통의 요충지답게 기차역도 매우 크고, 에키벤의 종류도 도쿄 에키벤야마쓰리에 이어 두 번째로 많았다. 또한 센다이는 규탄牛たん(우설. 일본어 '규牛'와 영어로 '혀'를 뜻하는 tongue가 합쳐진 말)로 유명한 곳인데, 센다이역 1층 식품 매장에서는 다양한 우설 구이 제품을 팔고 있고 2층에도 우설 구이를 파는 식당이 늘어서 있다. 2층의 규탄 거리 한쪽에는 센다이 규탄의 역사를 설명해놓았다. 제2차 세계대전 패전 후 센다이에 주둔한 미군들이 많은 양의 쇠고기를 소비했으나 우설은 먹지 않아 대량 폐기했는데, 이를 아깝게 여긴 일본인들이 만들어낸 음식이 바로 우설 구이라는 것이다.

우설 구이로 유명한 곳인 만큼 센다이역에서 판매하는 우설 구이 에키벤이 여럿 있지만, 나는 고바야시こばやし가 1986년에 출시한 '센다이 미소시타테 규탄 벤토仙台味噌仕立て

駅弁屋 祭
駅弁屋 祭つり
祭
祭
お会計
お会計
こばやし

駅弁
網焼き
麦めし
牛たん
弁当
仙台味噌仕立て
chin!
おいしく
こばやし

牛たん弁当'를 골랐다. 사실 고바야시에서는 소금구이 규탄 에키벤과 된장양념 규탄 에키벤을 내놓고 있는데, 우설 소금구이는 이미 많이 먹어본 터라 이번에는 색다른 맛의 우설 구이를 맛보고 싶어 된장양념 규탄 에키벤을 선택했다.

도시락 포장지 그림에는 한 아저씨가 석쇠에 우설을 굽고 있고, 그 옆에는 미소타레(된장양념)가 들어 있는 커다란 솥이 놓여 있는데, 이 에키벤을 한국 사람들도 즐겨 찾는지 한글로 '된장양념 센다이 우설 도시락'이라고 쓰여 있다.

도시락 뚜껑을 열자 보리밥 위에 된장으로 맛을 낸 우설 구이 다섯 장이 가지런히 올라가 있고, 반찬으로는 꽃 모양의 당근 조림, 톡 쏘는 맛의 미소난반즈케味噌南蛮漬け(닭 튀김, 생선, 채소 등을 된장과 식초에 절인 것), 우엉 조림, 반라이즈케万来漬け(무, 오이, 당근 등 여러 채소 절임을 함께 담은 것)와 함께 작은 봉투에 고춧가루가 들어 있다. 무엇보다 우설 구이의 양이 많아서 좋았는데, 된장 맛이 가미된 부들부들한 식감의 우설 구이는 보리밥과 잘 어울렸다. 1990년에는 가열식 용기에 담긴 우설 구이 에키벤도 나왔다.

센다이의 명물 에키벤으로 추천.

야마가타의 쇠고기가 가득,

야마가타규 규메시

JR야마가타역, 야마가타신칸센(야마가타현)

★★★★ | 1,300엔

혼슈 북서부에 위치한 야마가타현山形県은 쇠고기로 유명한 곳이다. 야마가타역에서 판매하는 '야마가타규 규메시山形牛 牛めし'는 1945년에 창업한 에키벤 제조·판매 회사인 모리벤森弁이 야마가타산 쌀과 야마가타산 쇠고기를 주

재료로 만든 에키벤이다.

도시락 뚜껑을 열면 비법 다레로 조린 쇠고기와 쇠고기 소보로가 들어 있고, 반찬으로 달걀말이, 죽순 조림, 당근 조림, 가지 절임, 표고버섯 조림, 마늘종 조림이 들어 있다. 전체적으로 쇠고기의 맛은 좋았으나 밥 상태가 별로였는데, 이 에키벤도 따뜻하게 데워 먹으면 훨씬 맛날 것 같다.

야마가타산 쇠고기와 쌀의 만남,

규니쿠도만나카

JR요네자와역, 야마가타신칸센(야마가타현)

★★★★☆ | 1,350엔

야마가타역에서 신칸센으로 34분 거리에 있는 요네자와역米沢駅에 내리면 커다란 소 동상이 먼저 눈에 들어온다. 요네자와에는 쇠고기 라멘집이 여러 곳 있을 정도로 쇠고기로 이름난 곳인데, 에키벤도 쇠고기를 쓴 것이 많다. 그중에서 신키네야新杵屋의 규니쿠도만나카牛肉どまん中가 요네자와의 명물 도시락으로 이름이 높다.

규니쿠도만나카는 1921년에 과자점으로 문을 열고 1957년부터 에키벤을 판매하기 시작한 신키네야가 1993년에 야마가타신칸센 개통을 기념해 출시한 에키벤으로, 야마가타산 구로케와규黑毛和牛와 야마가타산 도만나카 쌀이 그 주인공이다. 1992년에 공모로 지은 '규니쿠도만나카牛肉どまん中'라는 브랜드 이름이 주효해 대인기를 얻었고, 이후 좋은 평가에 힘입어 전국적으로 인기 높은 에키벤이 되었다. 규니쿠도만나카도 야마가타규 규메시와 마찬가지로 쇠고기 조림과 쇠고기 소보로가 올라간 규동풍 에키벤이며, 반찬으로는 토란 조림,

당근 조림, 청어 다시마말이, 가마보코, 달걀말이, 초생강이 담겨 있다.

일단 쇠고기의 양이 많아 매우 만족스러웠으며, 쇠고기에 지방이 알맞게 섞여 있어 고소한 맛이 일품이었다. 하지만 이 에키벤도 '밥의 상태가 조금 더 좋았으면' 하는 아쉬움이 남았다. 이 에키벤이야말로 따뜻하게 데워 먹으면 아주 맛날 것 같았다.

규니쿠도만나카는 전국적으로 인기가 매우 높아 요네자와역 외에 센다이역과 도쿄역 등에서도 만날 수 있다.

강추의 쇠고기 에키벤.

수수께끼를 푸는 듯한 재미,

에비센료치라시

JR니가타역, 조에쓰신칸센(니가타현)

★★★★☆ | 1,580엔.

니가타역의 에키벤 매장은 자그마했다. 판매하는 에키벤 종류는 16가지였는데, 이 가운데 가장 먼저 맛보고

싶은 것은 1955년에 설립된 시바타산신켄新発田三新軒의 대표적인 에키벤인 에비센료치라시えび千両ちらし다. 맛도 맛이지만 먹는 재미가 있을 것 같았기 때문이었다.

그림엽서를 끼운 듯한 포장지에 오징어, 새우, 장어, 전어 그림이 그려져 있어 도시락의 식재료는 미리 짐작할 수 있었는데, 실제로 뚜껑을 열면 커다란 달걀말이 넉 장이 도시락 전체를 덮고 있어 그 아래에서 과연 무엇이 나올지 궁금증을 자아낸다. 이것도 시바타산신켄의 전략인 것 같은데, 커다란 달걀말이를 하나씩 걷어내자 얇게 저민 다시마 위에 보리새우, 오징어, 전어, 장어가 모습을 드러냈다.

하나씩 맛을 보니, 새우는 쪄서 식초와 간장으로 맛을 낸 것이었고, 소금 간을 해 하룻밤 말린 오징어는 살짝 꼬들꼬들했다. 얇게 썬 전어는 와사비 간장 맛으로 마무리했고, 장어는 가바야키 다레로 맛을 낸 것이었다. 네 가지 해산물 모두 맛이 좋았고, 무엇보다도 두툼한 달걀말이의 달달하면서 부드러운 맛이 일품이었다. 그리고 새우 살 소보로를 올린 밥은 고시히카리로 지은 것이라서 그런지 상태도 아주 좋았다.

니가타의 다양한 해산물을 골라 먹는 재미가 있는 에키벤으로 강추.

新潟三新
村上牛しぐれ弁当

えび
千両
ちらし
いか
えび
うなぎ
こはだ
新発田三新軒

무라카미산 규동 도시락,

무라카미 규시구레

JR무라카미역, 우에쓰본선(니가타현)

★★★★ | 1,300엔

무라카미 규시구레村上牛しぐれ는 1956년 설립한 니가타산신켄新潟三新軒이 2008년부터 발매한 에키벤으로, 포장지만 보아도 쇠고기 덮밥 도시락이라는 것을 바로 알 수 있는 규동풍 에키벤이다. 이름에서 알 수 있듯이, 이 에키벤에는 무라카미산村上産 쇠고기 조림(시구레しぐれ는 간장, 설탕, 청주, 생강으로 조리는 것)과 쇠고기 소보로가 올려져 있다. 그리고 밥 위에는 규동의 짝꿍이라고 할 수 있는 베니쇼가紅生姜(생강을 우메보시를 만들고 남은 국물에 담가 절인 것)가 올려져 있고, 반찬으로는 미역줄기 조림, 시소의 맛이 느껴지는 달걀말이, 우엉 조림이 곁들여 나왔다.

지방질이 적당히 섞여 있는 쇠고기는 부드러웠고, 고시히카리로 지은 밥도 맛이 좋았다. 단순한 구성이지만 쇠고기 덮밥 에키벤으로 손색이 없다. 하지만 굳이 쇠고기 에키벤의 등수를 매기자면, 내 입맛에는 요네자와역의 규니쿠도만나카가 1위, 무라카미역의 이 규시구레가 2위, 야마가타역의 야마가타규 규메시가 3위였다.

도야마를 대표하는 송어초밥 도시락,

마스노스시

JR도야마역, 호쿠리쿠신칸센(도야마현)

★★★★ | 1,700엔

일본 북쪽 해안에 위치한 도야마현富山県은 블랙 라멘과 함께 오시즈시의 일종인 마스즈시鱒寿司(송어초밥)로 유명한 곳으로, 마스즈시는 에도막부의 8대 쇼군이었던 도쿠가와 요시무네徳川吉宗가 그 맛을 보고 극찬했다는 일화가 전해질 정도로 오래전부터 도야마의 향토음식으로 잘 알려져 있다. 식초에 절여 살짝 숙성시킨 마스즈시는 후에 만들어진 니기리즈시와 달리 2~3일 정도 보존해 먹을 수 있어 냉장고가 없던 시절에 도야마에서 도쿄로 향하는 여행객들을 위한 도시락으로, 또한 선물(이처럼 여행객이 친지들에게 선물할 용도로 구입하는 지역 특산물을 '오미야게'라고 한다)로 많은 인기를 끌었다고 한다. 도야마에서는 나무 조각을 동그랗게 엮은 나무통 '왓파輪っぱ'의 바닥에 대나무 잎을 깔고 그 안에 초밥을 채운 다음, 식초로 절인 사쿠라마스桜鱒(벚꽃송어. 송어잡이 한창 때가 벚꽃철과 같아 붙여진 이름)를 빈틈없이 올리고 그 위에 무거운 돌을 얹어 눌러 만든다.

오랜 역사를 자랑하는 에키벤 회사인 미나모토源가 1912년(메이지 45)년에 출시한 마스노스시ますのすし는 오랫동안 일본 사람들의 입맛을 사로잡은 스테디셀러 에키벤이다. 에키벤 포장지의 그림은 일본 문화훈장을 받은 나카가와 가즈마사中川一政 화백이 도야마 강에서 막 잡은 송어를 그린 것이라고 한다. 크기, 송어의 양에 따라 다양한 가격대의 에키벤이 있는데, 내가 구입한 것은 보통 크기에 송어가 한 겹 덮인 것으로, 가격은 1,700엔.

도시락을 열면 스시를 감싸고 있는 대나무 잎이 먼저 보이고, 그 아래 진한 핑크빛 마스즈시가 자리 잡고 있다. 그런데 일반적인 직사각형의 오시즈시가 아니라 둥근 모양이기 때문에 생일 케이크나 피자를 먹듯이 잘라 먹어야 한다. 맛을 보니 송어의 식초 간이 조금 강한 듯하지만 스시로 즐기기에는 부족함이 없다. 다만 초밥이 엉기는 게 조금 아쉬웠다. 열차 안에서는 혼자서 잘라 먹기가 조금 불편할 것 같아 호텔에 들어와 청주와 함께 먹었는데, 술안주로도 매우 좋았다.

마스노스시는 매우 유명한 에키벤이라 도쿄역을 비롯해 일본 주요 기차역에서 만날 수 있다. 옛날 오시즈시의 맛을 느끼기 좋은 에키벤으로 추천.

富山
ますのすし

즈와이가니가 가득한 도시락,
에치젠 가니메시

JR후쿠이역, 호쿠리쿠본선(후쿠이현)

★★★ | 1,430엔

호쿠리쿠北陸地方[i] 남단에 위치한 후쿠이현은 즈와이가니ズワイガニ로 유명한 곳이다. 즈와이가니는 우리나라 영덕대게와 비슷하게 생겼는데, 산지(에치젠越前은 후쿠이현 북부를 가리킨다)의 이름을 따 '에치젠 가니越前かに'라고도 부른다. 이 게로 만든 에치젠 가니메시越前かにめし는 1902년에 창업한 반조혼텐番匠本店이 1961년에 선보인 에키벤이다.

후쿠이의 특산물인 즈와이가니를 귀엽게 형상화한 빨간색 도시락 용기가 먼저 눈에 들어오는데, 도시락 뚜껑을 열면 핑크빛 게살이 도시락 전체를 덮고 있고, 수게의 내장(가니미소)과 암게의 알을 섞어 지은 밥 위에 즈와이가니와 베니즈와이가니紅ずわいがに[ii]의 게살을 풀어놓았다. 밥은 가니미소로

i 일본의 혼슈 주부中部 가운데 동해에 접하는 네 개 현(니가타현, 도야마현, 이시카와현, 후쿠이현)을 가리킨다.

간을 해 먹기가 좋고 게살도 맛이 좋았으나 양은 적은 편이다.

에치젠 가니메시의 플라스틱 용기는 내열 기능이 있어 전자레인지에서 2~3분 데워 먹으면 더욱 맛이 좋아진다고 한다. 신오사카역 등에서도 구입 가능.

ii 즈와이가니 암컷과 비슷하게 생긴 게로, 즈와이가니보다 살이 조금 적고 수분이 많다는 특징이 있을 뿐 큰 차이점은 없다.

이바라키 쇠고기로 만든 규동 도시락, **히타치규 규벤**

JR미토역, 조반선(이바라키현)

★★★ | 1,250엔

간토 지방 북동부에 자리 잡은 이바라키현茨城県은 1832년부터 흑우를 사육하기 시작했는데, 이 흑우를 이바라키현의 옛 이름을 따서 히타치규라고 부른다. 이 흑우로 만든 히타치규 규벤常陸牛 牛べん은 이바라키현 미토水戸 시내에서 홋카이도풍 이자카야를 경영하고 있는 시마다しまだ가 비교적 최근인 2011년에 출시한 에키벤이다. 히타치규 규벤은 역사가 그리 오래되지 않아 아직 많은 사람들에게 알려지지는 않았지만, 도쿄역과 같은 주요 기차역에 얼굴을 내미는 등 매년 지명도를 넓혀가고 있다.

흰 바탕의 포장지에 커다랗게 적힌 '牛べん'('쇠고기 벤토'의 줄임말)이라는 글자가 매우 강렬한데, 실제로 규벤은 이바라키현 히타치규진흥협회가 인정한 히타치규로 만든 규동풍 도시락이다.

도시락 안에는 흰 쌀밥 위에 스키야키풍의 달달한 다레

로 맛을 낸 쇠고기와 양파가 가득 깔려 있고, 반찬으로는 삶은 달걀 조림과 유바로 만든 냉두부말이가 들어 있다. 쇠고기는 짠맛이 그리 강하지 않고 약간 달달한 맛이 도드라졌다. 쇠고기에 지방질이 다소 많은 편이나 오히려 고기의 기름기 때문에 고소한 맛이 돋보였다. 다만 이 에키벤도 밥 상태가 조금 더 좋았으면 하는 아쉬움이 남는다. 특히 고기와 밥이 맞닿은 부분이 질어진 상태였다. 깔끔한 비닐 필름 같은 것으로 분리하면 밥 상태가 좋아질 듯하다. 에키벤을 먹을 때마다 느끼는 것인데, 쇠고기 덮밥 에키벤은 따끈하게 덥혀 먹으면 더욱 맛날 것 같다.

도자기 그릇 속에 가득한 향토색,

도게노가마메시

JR요코가와역, 신에쓰본선(군마현)

★★★★☆ | 1,300엔

도게노가마메시峠の釜めし는 1885년(메이지 18)에 신에쓰본선信越本線(군마현의 다카사키역高崎駅과 요코가와역을 잇는 노선)이 개통되면서 요코가와역横川駅이 생기고, 이와 동시에 요코가와역 앞에 문을 연 오기노야荻野屋가 1958년에 일본 최초로 도자기를 도시락 용기로 사용해 판매한 에키벤이다. 현재 연간 450만 개나 팔려나가는 초베스트셀러 에키벤 가운데 하나다.

에키벤 이름의 도게峠('언덕'이라는 뜻)는 군마현과 나가노현長野県을 잇는 표고 956미터의 '우스이도게碓氷峠'를 가리킨다. 과거에는 이 고개를 넘기 위해 요코가와역에서 보조기관차를 연결하느라 5분 정도 정차했는데, 이 길지 않은 정차 시간이 '언덕의 솥밥'이라는 걸작 에키벤을 낳았다. 도시락 용기는 보온성이 우수한 마시코야키益子焼(도치기현 마시코마치益子町에서 제작한 도자기)를 사용했다고 한다.

信越本線横川駅
峠の釜めし本舗 おぎのや
株式会社 荻野屋

おぎのや

솥 모양의 도자기 용기 안에는 고시히카리로 지은 차메시茶めし(찻물로 지은 밥) 위에 닭고기, 우엉, 표고버섯, 죽순, 메추리 알, 밤, 은행, 완두콩 등을 조린 향토색이 풍부한 반찬이 올라가 있고, 자그마한 별도 용기에는 다섯 가지 종류의 쓰케모노가 들어 있었다. 내가 이 도시락을 먹은 때가 구입한 지 꽤 시간이 지난 저녁 8시였는데도 차메시라 그런지 밥알이 엉겨 붙지 않고 고슬고슬한 게 맛이 좋았다. 내 경험으로 보면 일반적인 쌀밥보다 차메시나 닭고기 국물 등으로 지은 밥이 시간이 지나도 밥 상태가 잘 유지되는 것 같다.

오기노야에서는 도자기 용기 에키벤과 함께 종이팩 에키벤도 판매하는데, 내용물은 동일하지만 종이팩 에키벤이 도자기 용기 에키벤보다 100엔 싸다. 도게노가마메시는 전국적으로 유명해 도쿄역에서도 구입할 수 있다.

달마 모양 도시락통 속 군마의 자연,

다루마 벤토

JR다카사키역, 조에쓰신칸센 · 호쿠리쿠신칸센(군마현)

★★★★★ | 1,300엔

산악지대로 이루어진 군마현은 선불교의 창시자인 '다루마達磨'(달마)로 유명한 곳으로, 군마현의 중앙역이라고 할 수 있는 JR다카사키역JR高崎駅 안에는 행운을 가져다준다는 빨간색의 달마상이 사람들을 반기고 있다. 매년 1월 6~7일에 다카사키 교외의 쇼린잔少林山 다루마지達磨寺에서 열리는 달마 시장에서는 개운開運의 상징인 달마 나무 인형이 많이 판매된다. 이 달마의 형상을 도시락 용기로 만들어 출시한 것이 바로 다루마 벤토だるま弁当다.

다루마 벤토는 1884년(메이지 17)에 창업한 다카사키벤토주식회사高崎弁当株式会社가 1960년부터 판매한 에키벤으로, 발매 초기에는 도자기 용기를 사용하다가 이후 보다 휴대가 편리하고 위생적인 플라스틱 용기로 바꾸었다고 한다. 달마 모양의 도시락 뚜껑을 열면 차메시 위에 우엉·닭고기 야와타마키八幡巻き(교토풍의 고기·생선·채소말이), 닭고기 조림, 옅은

HOTEL METROPOLITAN
令和五年新春
高崎だるま市
高崎だるま市

駅弁屋上州
2号
駅弁

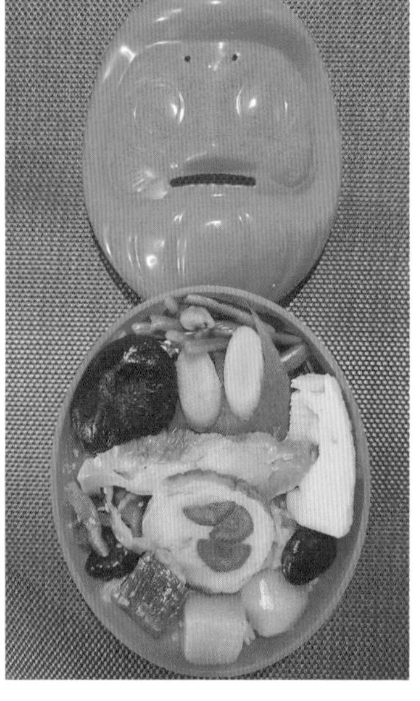

핑크색과 회색의 곤약 조림, 밤 조림, 강낭콩 조림, 궁채 조림, 표고버섯 조림, 우엉 조림, 미나리 조림, 죽순 조림, 산나물 등 군마에서 나는 농산물이 가득 들어 있다. 살짝 달짝지근한 간장 맛이 감도는 차메시는 밥알이 엉겨 붙지 않아 꼬들꼬들한 밥을 좋아하는 내 입맛에 아주 잘 맞았는데, 밥 상태가 지금까지 먹어본 에키벤 중 가장 좋았다.

빨간 플라스틱 용기는 저금통으로 사용할 수 있도록 한쪽에 구멍이 나 있다. 에키벤의 용기, 밥 상태, 반찬의 구성 모두 만족스러운 다카사키의 명물 에키벤으로 강추. 다루마 벤토는 전국적으로 유명해 도쿄역 등에서도 만날 수 있다.

신칸센과 도쿄역의 상징,
치킨 벤토

JR도쿄역, 도카이도신칸센 · 도호쿠신칸센(도쿄도)

★★★ | 900엔

1964년에 일본 도쿄에서 아시아 최초로 올림픽이 열리기 며칠 전, 도쿄에서 오사카를 잇는 도카이도신칸센

이 개통되었다. 그리고 이를 기념하기 위해 도카이도신칸센 열차 내에서 치킨 벤토チキン弁当를 판매했는데, 당시에는 2단 구성으로 가라아게(닭 튀김)와 토마토케첩에 비빈 밥, 포테이토칩이 들어 있었다. 마쿠노우치 벤토가 150엔이었던 시대에 200엔이나 받았던 고급 도시락이었다.

이 치킨 벤토는 도쿄역을 상징하며 지금까지 건재하지만, 그 모습은 많이 달라졌다. 도시락 포장지에는 통통한 닭 한 마리가 만화풍으로 그려져 있고, 도시락 뚜껑을 열면 왼쪽

칸에는 토마토케첩으로 간을 한 밥 위에 스크램블드 에그, 완두콩, 드라이토마토 오일무침이 올라가 있고, 오른쪽 칸에는 가라아게 네 점과 스모크 치즈, 소시지 한 개가 작은 비닐봉투에 든 레몬즙, 자그마한 플라스틱 통에 든 피클과 함께 들어 있다. 하나씩 맛을 보니 밥은 간이 좋았고 가라아게도 맛났으나, 포장지 그림의 느낌처럼 전체적으로 어린아이들이 더 좋아할 것 같은 맛이었다. 다만 가라아케와 함께 스모크 치즈가 들어 있어 맥주 안주로 먹으면 좋을 듯하다.

도쿄를 대표하는 스테디셀러 에키벤으로 추천.

나고야를 상징하는 닭고기밥,

코친왓파메시

JR나고야역, 도카이도신칸센 · 도카이도본선 · 주오본선(아이치현)

★★★★☆ | 1,030엔

나고야는 일본 3대 토종닭 가운데 하나인 나고야코친名古屋コーチン으로 유명한 곳이며, 코친왓파메시コーチンわっぱめし는 에도 시대부터 나고야의 식품업체로 오랜 역사

를 이어오고 있는 마쓰우라쇼텐松浦商店이 만든 닭고기밥 에키벤이다.

이 에키벤의 이름을 풀면 '왓파(에 담긴) 나고야코친 닭고기밥 도시락'인데, 둥근 왓파(얇은 삼나무로 만든 둥근 모양의 밥그릇) 도시락 상자 안에는 닭 국물로 지은 밥에 노란색 달걀 소보로와 함께 나고야코친과 기소메이스이 닭木曽美水鶏皐[i] 을 반반 사용한 조림, 생강, 산나물 조림, 곤약 조림, 우엉 조림, 죽순 조림, 표고버섯 조림, 메추리 알 조림, 그리고 살짝 신맛이 도는 연근과 사쿠라즈케さくら漬(핑크빛 무 절임) 등이 푸짐하게 올라가 있다.

전체적으로 밥과 반찬의 균형감이 좋았으며, 나고야코친에서는 약간 단단하고 강한 맛이 느껴졌다. 밥의 상태는 보통이었지만 밥 위에 올린 달걀 소보로 덕분에 한층 밥맛이 살아났다.

나고야코친의 깊은 맛을 즐길 수 있는 나고야 대표 에키벤으로 강추.

i 나고야의 산간부에 있는 산와그룹さんわグループ 전용농장에서 사육되는 닭의 브랜드.

부드러운 문어 조림 도시락,

힛파리다코메시

JR니시아카시역, 산요신칸센 · JR고베선(효고현)

★★★★☆ | 1,300엔

문어가 주재료인 힛파리디코메시ひっぱりだこ飯는 1903년(메이지 36)에 창업해 오사카와 고베의 철도역을 아

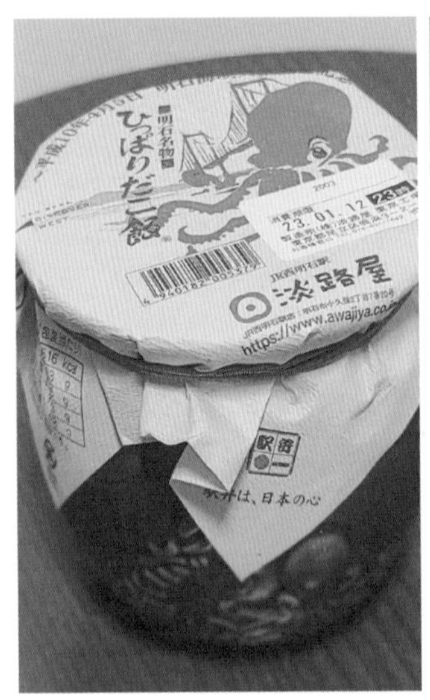

우르며 영업하는 아와지야淡路屋가 1998년에 아카시해협대교明石海峽大橋[i] 개통 기념으로 출시한 에키벤이다. 둥근 항아리 용기가 매우 독특하게 생겼는데, 이 항아리 용기는 일본에서 전통적으로 문어를 잡을 때 사용하는 다코쓰보蛸壺를 본떠 만든 것이라고 한다. '힛파리'는 '매우 인기가 많은' 또는 '찾는 사람이 많은'이라는 뜻.

둥근 항아리 안에는 문어 조림, 아나고 조림, 문어 튀김, 달걀지단, 죽순 조림, 표고버섯 조림, 당근 조림, 유채꽃 간장 절임이 들어 있었다. 문어는 부드럽고 맛이 좋았으며, 살짝 간장 간이 된 밥은 먹기 편하고 상태도 좋은 편이었다. 게다가 항아리 위에서 아래로 내려가면서 밥을 파 먹는 재미도 쏠쏠했는데, 힛파리다코메시는 용기가 항아리라 전자레인지에 데워 먹을 수도 있다.

힛파리다코메시는 JR신고베역, JR고베역, 오사카의 쓰루하시역鶴橋驛 등에서 구입할 수 있는데, 지난 20년간 약 1,350만 개가 팔렸다고 한다. 일본 국민 10명 중 1명이 먹은 셈. 아카시의 간판 에키벤으로 추천.

i 아카시 해협은 효고현 아와지 섬淡路島의 아카시明石와 혼슈 사이의 해협으로, 아카시해협대교는 시코쿠와 혼슈를 잇고 있다.

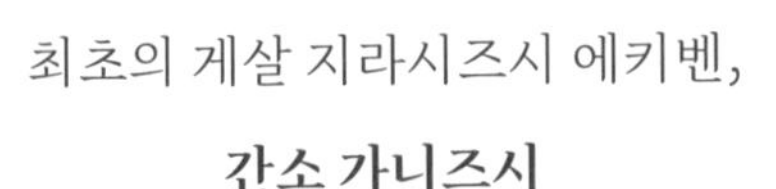

최초의 게살 지라시즈시 에키벤,

간소 가니즈시

JR돗토리역, 산요신칸센 · JR인비선(돗토리현)

★★★ | 1,480엔

간소 가니즈시元祖かに寿し는 일본 산인山陰[i] 지역에 위치한 돗토리현鳥取県의 대표적인 에키벤으로, 1910년(메이지 43)에 창업한 아베돗토리도アベ鳥取堂가 1952년부터 판매하기 시작했다. 에키벤의 이름에 '간소元祖'가 붙은 것은 게살 지라시즈시의 형태로 만든 최초의 에키벤이기 때문이다.

게 등딱지를 이미지화한 팔각형의 종이 상자를 열면 기

다랗게 찢어낸 게살과 달걀지단이 밥을 덮고 있는 게 보인다. 밥에는 약하게 생강 향이 배어 있었고, 도시락 중앙에 담겨 있는 달콤새콤한 생강 초절임이 색깔의 균형감과 게살의 맛을 살려주는 역할을 한다. 그리고 게살 스시의 달달한 맛과 식감에 변화를 주기 위해 시오콘부塩昆布(짭짤한 맛의 다시마)와 쓰케모노를 담은 것도 이 에키벤의 묘미.

간소 가니즈시는 꽤 지명도가 높아 신오사카역, 도쿄역, 하카타역 등에서도 구입할 수 있다.

히로시마 하면 굴,
샤모지 가키메시

JR히로시마역, 산요신칸센 · 산요본선(히로시마현)

★★★★ | 1,600엔

혼슈의 최남단에 위치한 히로시마는 오코노미야키, 굴, 아나고(붕장어)로 유명한 곳으로, 히로시마를 대표

i 일본 혼슈 서부의 주고쿠中国 지역 중 동해에 면한 돗토리현과 시마네현을 가리킨다.

하는 에키벤인 샤모지 가키메시しゃもじかきめし는 1901년(메이지 34)에 창업한 히로시마에키벤토주식회사広島駅弁当株式会社가 히로시마의 명물인 굴을 여러 가지 방법으로 조리해 완성한 에키벤이다.

샤모지しゃもじ는 '주걱'이라는 뜻인데, 도시락 상자를 장식하고 있는 빨간 주걱 그림에는 '개운開運'(운수가 트임)이라는 글자와 함께 '바다의 신사神社'로 유명한 미야지마宮島(이쓰쿠시마厳島의 별명)의 이쓰쿠시마 신사厳島神社(1996년 유네스코 세계문화유산으로 등록)를 상징하는 도리이鳥居가 그려져 있다. 도시락을 담고 있는 주걱 모양의 빨간 용기는 이쓰쿠시마 신사에서 최초로 만들었다고 알려진 샤모지를 본뜬 것이다. 이 나무주걱은 '좋은 운수'의 상징으로 알려져 미야지마의 거의 모든 가게에서 기념품으로 팔고 있다.

도시락을 열면 굴밥 위에 달달하게 양념이 된 커다란 굴찜 네 개가 올려져 있다. 반찬으로는 굴 튀김과 유자된장으로 버무린 굴, 세토 내해산 잔멸치 조림과 히로시마유채 절임이 들어 있어 향토색이 풍부하다. 굴밥과 세 가지의 굴 요리 모두 맛이 좋아 강추인데, 이 에키벤은 굴 생산 시기인 9월 하순에서 3월 말까지만 맛볼 수 있다.

미야지마에서는 아나고 덮밥,

가쓰아나고메시

JR미야지마구치역, 산요본선(히로시마현)

★★★★☆ | 1,500엔

히로시마현 앞바다는 메이지 시대부터 아나고(붕장어)의 생산지로 유명했고, 산요본선山陽本線[i]은 아나고 에키벤을 판매하는 역이 10개 이상 될 정도로 아나고 벤토의 격전지다. 1897년(메이지 30) 미야지마구치역宮島口駅의 개통과 함께 장사를 시작한 식당 우에노うえの가 아나고 덮밥 도시락의 원조로 꼽히는데, 이 때문에 미야지마가 아나고메시의 상징처럼 되기도 했다. 이 가운데 히로시마에키벤토주식회사가 1984년부터 판매한 가쓰아나고메시活あなごめし는 히로시마를 대표하는 에키벤 가운데 하나다.

일본에서 인기 있는 장어 덮밥의 재료는 우나기(뱀장어)인데 비해, 미야지마구치역에서 판매하는 장어 덮밥의 재료

i 일본 효고현 고베역과 후쿠오카현 기타큐슈 시 모지역을 잇는 철도 노선으로 서일본여객철도가 운영한다.

는 아나고(붕장어)다. 둘의 차이는 무엇일까? 아나고와 우나기는 모두 장어이지만 우나기는 바다에서 알을 낳고 부화하여 이후 강이나 호수 등 민물로 돌아오는 회유어인데 반해, 아나고는 줄곧 바다에 사는 바닷물고기다. 우나기는 아나고의 세 배 정도의 가격에 팔리기 때문에 우나기로 만든 음식은 아나고로 만든 음식보다 훨씬 비싸다.

도시락 상자를 열어보니 간장으로 간을 한 밥 위에 아나고 구이가 가지런히 올려져 있고, 한쪽에 쓰케모노와 초생강이 담겨 있다. 전체적으로 아나고의 양이 꽤 많은 편이었고, 맛도 짜지 않아 좋았다. 곁들여 나온 아나고 소스를 뿌려 먹으니 아나고 구이의 맛이 더욱 잘 살았다.

미야지마의 아나고메시를 맛볼 수 있는 히로시마의 명물 에키벤으로 추천.

1913년의 에키벤을 복원하다,

훗고쿠반 가시와메시

JR도스역, 나가사키본선· 가고시마본선(사가현)

★★★★ | 780엔

JR도스역이 있는 도스 시鳥栖市는 사가현佐賀県의 동쪽에 위치하고 있는데, 이름에 '새鳥'가 들어 있는 데서 알 수 있듯이 오래전부터 새와 관계가 깊은 곳이다. 《히젠후도키肥前風土記》에 의하면, 이곳 사람들이 새장鳥屋을 만들어 다양한 새를 사육해 조정에 바쳤다고 해서 '도리야노사토鳥屋の郷'(새장의 고향), 또는 '도소우鳥樔'라고 불렸으며, 후에 도스鳥栖라는 지명으로 바뀌었다고 한다.

'가시와かしわ'는 갈색 깃털을 가진 일본 재래종 닭의 이름이며, 예로부터 일본 규슈 남부에서는 닭고기를 '가시와'라고 부르기도 했다. 또한 도스에서는 예로부터 축하할 일이 생

かしわ飯
鳥栖名物
704円
(税込 760円)
SOLD OUT

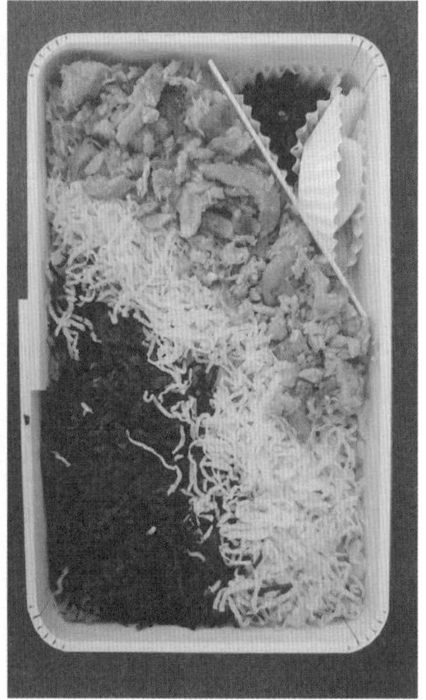

기거나 손님을 대접할 때 닭을 재료로 밥을 지었는데, 이를 가시와메시かしわ飯라고 했다.

훗고쿠반 가시와메시復刻版かしわ飯는 1913년(다이쇼 2)에 처음으로 도스의 전통 가시와메시를 에키벤으로 만들어 판매한 주오켄中央軒이 1955년경 만들어 판매했던 옛 가시와메시를 재현해 재출시한 것으로, 도시락 포장지에는 도스역 주오켄鳥栖駅 中央軒이라는 글자와 함께 '15전'이라는 옛 가격이 적혀 있다. 이 도시락 포장지도 옛날 모습 그대로 본떠 만든 것이라고 한다.

도시락 뚜껑을 열면 밥 위에 달콤하고 짭짤한 맛의 가시와 닭고기 조림과 달걀지단, 짭짤한 맛의 김 조림, 시소와 함께 절인 다시마, 무 절임, 당근 절임 등이 올라가 있다. 단단한 식감의 닭고기는 달달한 맛이 매력적이었고, 닭 국물로 지은 밥 또한 약간 쫄깃한 느낌이 들면서 맛이 좋았다. 한 끼 식사로 꽤 만족스러운 에키벤이었으며, 술안주로 먹어도 좋을 것 같았다.

사가현의 대표적인 에키벤으로 추천.

도자기의 고장 아리타의 상징,

아리타야키카레

JR아리타역, JR사세보선(사가현)

★★★★ | 1,580엔(소), 2,160엔(대)

사가현의 아리타有田는 규슈의 대표적인 도자기 마을로, 아리타야키카레有田焼カレー는 아리타의 도예 작가가 만든 도자기 그릇에 카레라이스를 담은 에키벤이다. 에키벤인 만큼 아리타야키카레는 아리타역에서 구입하는 게 정석이지만, 나는 2023년 1월 7일부터 1월 22일까지 도쿄 신주쿠 게이오 백화점에서 열린 58회 원조 유명 에키벤 대회에서 구입했다. 2023년 토끼해 기념 한정 판매 아리타야키카레 에키벤이 진열되어 있었는데, 귀여운 토끼가 그려진 중간 크기의 에키벤으로 골랐다.

도시락 상자를 열자 진한 색의 카레 위에 올려진 치즈가 보인다. 아리타야키카레는 사가현의 쇠고기와 28가지 종류의 스파이스를 넣고 푹 끓인 카레 루roux에 치즈를 얹은 후 오븐에 구워 완성한다고 한다. 에키벤 이름인 아리타야키카레는 '아리타야키(아리타 도자기)+야키카레(구운 카레)'인 셈이다.

有田焼カレー
第7回「九州の駅弁」ランキング
第1位
有田焼器入
Arita terrace
有田テラス

카레는 약간 달달하면서 깊은 맛이 났다. 아리타야키카레는 그냥 먹기보다는 도자기 용기 그대로 따뜻하게 데워 먹는 것이 좋다.

아리타야키카레는 제7회 규슈 에키벤 랭킹 1위와 일본 잡지 《브루투스BRUTUS》가 기획한 '배달음식 그랑프리 2014년'의 카레 부분에서 1위를 차지하는 등 높은 평가와 인기를 얻고 있는 에케벤이다.

도자기 마을 사가현 아리타의 상징성을 잘 표현한 에키벤으로 추천.

은어 구이를 도시락으로 즐기다,

아유야산다이

JR신야쓰시로역, 규슈신칸센(구마모토현)

★★★★☆ | 1,450엔

아유야산다이鮎屋三代는 이름 그대로 구마모토현熊本県 야쓰시로 시八代市에서 110년 넘게 은어 구이 전문점을 운영해온 요리후지쇼텐頼藤商店의 3대가 만든 에키벤으로 제1~3회(2004~2006) 규슈 에키벤 그랑프리에서 3연패를 기록했을 정도로 규슈의 명물 에키벤으로 이름이 높다.

무엇보다 밥 위에 구마모토현의 구마 강球磨川에서 잡은 은어 한 마리가 통째로 올라가 있는 모습이 매우 인상적이다. 밥은 은어를 우려낸 국물로 지어 옅은 고동색을 띠고 있으며, 반찬으로는 달걀말이, 죽순 조림, 표고버섯 조림, 연근 조림, 유채나물, 무 절임, 우메보시, 베니쇼가 등이 곁들여 있었다.

이 에키벤의 백미는 뭐니 뭐니 해도 달달하게 간장으로 맛을 낸 자연산 은어 구이다. 맛도 맛이지만, 기차 안에서 은어 구이를 뜯어 먹는 기분이 각별해, 마치 강이 내려다보이는 식당에서 음식을 먹고 있는 듯했다. 약간 찰진 밥도 은어 구이와 잘 맞아 먹는 내내 입이 즐거웠다.

은어 요리 전문점의 은어 구이를 맛볼 수 있는 에키벤으로 강추.

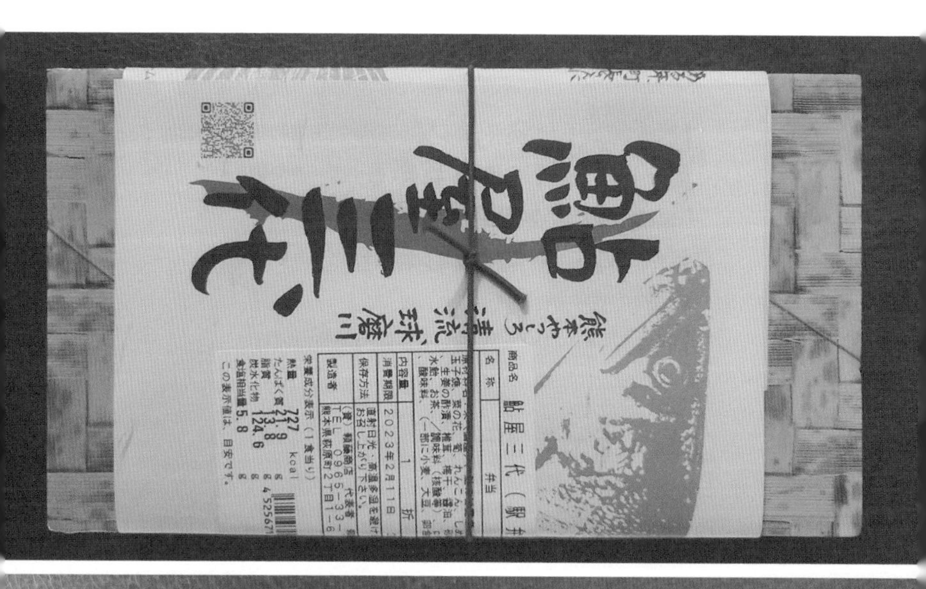
鮎屋三代
清流球磨川

구마모토를 대표하는 구마몬과 아카규,

구마모토 아카규 런치박스

JR구마모토역, 규슈신칸센(구마모토현)

★★★★ | 1,350엔

구마모토현 아소阿蘇 지역은 털색이 붉은 아카규あか牛로 유명한 곳이다. 구마모토 아가규 런치박스くまもとあか牛ランチBOX는 1929년 가고시마본선鹿児島本線 이즈미역出水駅에서 에키벤 전문점으로 창업한 쇼에이켄松栄軒이 만든 도시락으로, 구마모토의 상징인 구마몬くまモン을 이미지화한 도

시락통에 아카규로 만든 쇠고기 덮밥이 들어 있다.

귀여운 모습의 구마몬이 그려진 검정색 도시락통을 열면 흰 쌀밥 위에 스키야키풍으로 조리한 아카규와 소보로로 만든 아카규가 올려져 있고, 중간에 달걀지단과 톡 쏘는 맛의 다카나, 그리고 베니쇼가가 들어 있다. 밥은 구마모토현의 모리노쿠마상森のくまさん으로 지어 약간 남방미(인디카 계열 쌀) 느낌이 났다. 아소의 명물 아카규를 간편하게 즐길 수 있는 에키벤으로 추천.

가고시마 정월 보름의 맛,

에비메시

JR이즈미역, 규슈신칸센(가고시마현)

★★★★☆ | 1,150엔

구마모토현과 가고시마현鹿児島県에 걸쳐 있는 야쓰시로 해八代海 남부 연안에서는 300년 넘게 풍력을 이용한 저인망 방식으로 새우를 잡는 것으로 유명하다. 가고시마현의 가정에서는 정월 보름에 밥에 새우를 섞어 지은 새우밥

을 먹는 풍습이 있는데, 이 전통적인 새우밥을 에키벤으로 만든 것이 바로 쇼에이켄의 에비메시えびめし다.

남방미 느낌이 나는 밥 위에 자그마한 분홍새우, 달걀지단, 완두콩이 올라가 있고, 반찬으로 닭튀김 조림, 강낭콩 조림, 다쿠앙, 달걀말이, 고구마 튀김, 새우 튀김, 사쓰마아게さつま揚げ(튀긴 어묵), 죽순 조림, 당근 조림, 고하쿠나마스紅白なます(생선, 무와 당근으로 만든 초절임)가 듬뿍 들어 있다. 달걀지단이 올려진 밥은 고슬고슬하고 상태가 매우 좋았다. 한마디로, 주인공인 새우뿐 아니라 조연 역할을 하는 반찬의 차림새가 매우 좋은 에키벤이라고 할 수 있다.

가고시마를 대표하는 에키벤으로 강추. 나는 이즈미역에서 구입했지만 가고시마중앙역, 구마모토역, 하카타역 등에서도 구입할 수 있다.

鹿児島名物
えびめし!!
お買い上げ後はなるべくお早めにお召し上がりください。
お手数でも食後は、ゴミ箱へお入れください。

지역별 음식점 찾아보기

밥 먹으러 일본 여행

오니기리에서 에키벤까지, 소소하지만 특별해!

초판 1쇄 발행 | 2024년 3월 30일
초판 2쇄 발행 | 2024년 5월 10일
지은이 | 이기중

펴낸곳 | 도서출판 따비
펴낸이 | 박성경
편 집 | 신수진, 정우진
디자인 | 박대성

출판등록 | 2009년 5월 4일 제2010-000256호
주소 | 서울시 마포구 월드컵로28길 6(성산동, 3층)
전화 | 02-326-3897
팩스 | 02-6919-1277
메일 | tabibooks@hotmail.com
인쇄·제본 | 영신사

ISBN 979-11-92169-35-4 03910

책값은 뒤표지에 있습니다.